Début d'une série de documents
en couleur

L'ISLAMISME

PAR

O. HOUDAS

Professeur à l'École des Langues Orientales vivantes
Inspecteur général des Médersas

7318

PARIS

DUJARRIC ET Cie ÉDITEURS

50, RUE DES SAINTS-PÈRES, 50

1904

DUJARRIC ET Cⁱᵉ, Éditeurs, Paris, 50, rue des Saints-Pères

EXTRAIT DU CATALOGUE

BIBLIOTHÈQUE INTERNATIONALE

BECKE (Louis). — Scènes de la Vie Polynésienne, traduit de l'anglais par HENRI CHATEAU, 1 vol. 3 50

CARNEGIE (Andrew). — La Grande-Bretagne jugée par un Américain, traduit de l'anglais, par ALBERT SAVINE, 1 vol. 3 50

CASTELNUOVO (E.). — Le Ménage Varedo, traduit de l'italien par MARIUS HÉGUÉ, 1 vol. 3 50

LAFCADIO HEARN. — Le Japon inconnu, traduit de l'anglais, par Mᵐᵉ LÉON RAYNAL 3 50

LYNCH (Georges). — Corée, Chine et Mandchourie, traduit de l'Anglais par G. GILENOY, 1 vol. 3 50

ORZESZKO (Élisa). — Idylles Brisées, traduit du polonais par V. DE ZABIELLO, 1 vol. 3 50

ROOSEVELT (Président Th.). — La Vie au Rancho, traduit de l'anglais par ALBERT SAVINE, 1 vol. 3 50

— Chasses et Parties de Chasse, traduit de l'anglais, par ALBERT SAVINE, 1 vol. 3 50

SIEROSZEWSKI (Wenceslas). — Yang-Hun-Tsy (Le diable étranger), traduit du polonais par B. KOZAKIEWICZ, 1 vol. 3 50

LES RELIGIONS DES PEUPLES CIVILISÉS

HENRY (Victor). — La Magie dans l'Inde Antique, 1 vol. 3 50

— Le Parsisme, 1 vol. 3 50

HOUDAS (O.). — L'Islamisme, 1 vol. 3 50

NICOLAS (A. L.-M.). — Seyyéd-Ali-Mohammed, dit le Bâb, 1 vol. 3 50

OUVRAGES DIVERS

DELAGE (Émile). — Chez les Russes, 1 vol. 3 50

DONNET (Gaston). — Japon et Corée, 1 vol. 3 50

HESS (Jean). — La Question du Maroc, 1 vol. 3 50

HUBERT (Lucien). — Promenades au Dahomey, 1 vol. 5 »

HUBERT (Lucien). — Politique Africaine, 1 vol. 3 50

LANNE (Ad.). — Louis XVII et le Secret de la Révolution, 1 vol. 3 50

— Une officine royale de falsifications, 1 vol. 2 50

— La fortune des d'Orléans, 1 vol. 3 50

LE BARBIER (Louis). — La Vallée du Moyen-Niger et la Haute-Guinée, 1 vol. 1 50

— Dans la Haute-Guinée (15 ill.) 1 vol. 2 50

Châteauroux. — Imp. Langlois

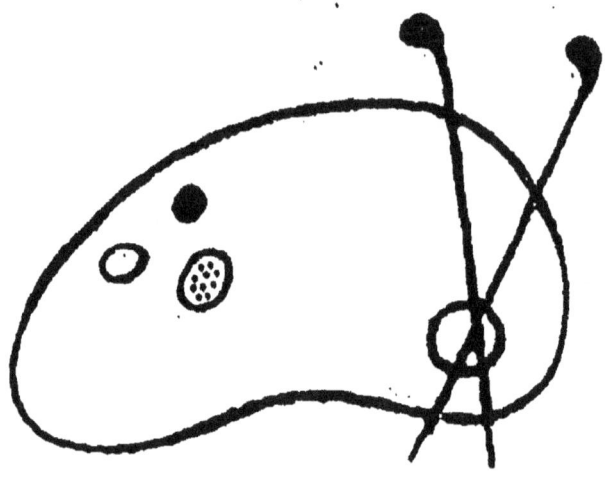

Fin d'une série de documents
en couleur

L'ISLAMISME

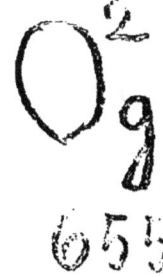

LES RELIGIONS DES PEUPLES CIVILISÉS

L'ISLAMISME

PAR

O. HOUDAS

Professeur à l'École des Langues Orientales vivantes
Inspecteur général des Médersas

PARIS

DUJARRIC ET Cie ÉDITEURS

50, RUE DES SAINTS-PÈRES, 50

—

1904.

AVANT-PROPOS

Le peu d'étendue de cet opuscule suffit à lui seul à prouver qu'il n'a pas la prétention de donner un exposé complet des doctrines religieuses que Mahomet a le premier enseignées et qui se sont répandues à travers le monde, parmi de nombreuses populations de races et d'habitats bien divers. Le but de cette publication est en effet, infiniment plus modeste. Fournir, à tous ceux qui n'ont pas le loisir de s'adonner à de longues études, le moyen de se faire une opinion suffisamment exacte de l'esprit de la religion musulmane afin d'en déduire des conclusions pratiques, tel est l'objet qui est spécialement visé dans les lignes qui vont suivre.

Tandis que dans les autres religions, également révélées, le domaine de la foi s'est peu à peu restreint aux soucis de la vie future, laissant à d'autres institutions le soin de réglementer les affaires de ce monde, l'islamisme, après treize siècles d'existence, en est encore à la période de mélange et de confusion entre les attributions du pouvoir spirituel et du pouvoir temporel. Qu'il s'agisse des actes les plus vulgaires de sa vie quotidienne, de ses rapports avec ses semblables ou de ses devoirs envers Dieu, le musulman règle toutes ses lois et coutumes d'après deux documents religieux : le Coran et la Sonna.

Sans doute, on peut dire que les prescriptions du Coran et de la Sonna sont empruntées, pour majeure partie tout au moins, à des croyances antérieures ou à des usages préislamiques dont le caractère religieux n'est pas absolument démontré. Il n'en est pas moins vrai cependant que, malgré de légères transformations, leur maintien est dû à l'autorité des deux sources sacrées. Les schismes et les hérésies ont pu faire délaisser telle ou telle partie des principes formulés par Mahomet, mais ils ont néanmoins toujours puisé leurs enseignements dans les paroles qu'il avait prononcées au nom de l'Etre suprême.

Au point de vue politique, on ne saurait donc administrer un peuple musulman quelconque, si l'on ne connaît pas dans ses grandes lignes sa religion qui est la base de son état social. C'est seulement quand on sera renseigné sur ce point qu'il sera permis de faire accepter son autorité sans avoir sans cesse recours à des moyens coercitifs qui ont le double inconvénient de causer de grandes pertes en hommes et en argent et d'annihiler la force productive que représente partout un groupe compact d'être humains.

La conquête de l'Algérie a été longue, coûteuse et pénible surtout à cause de l'ignorance où nous étions, il y a trois quarts de siècle, des moyens d'agir pacifiquement sur l'esprit des populations que la victoire de nos armes avait placées sous notre domination. Bien des vexations inutiles auraient été évitées au début si l'on avait été mieux renseigné, et il est même certain que la situation actuelle serait encore meilleure au point de vue économique, si quelques mesures malencontreuses n'avaient été prises il y a une trentaine d'années.

L'expérience, chèrement acquise, a été mise à profit en Tunisie lorsqu'on y a établi le protectorat, cette forme anodine de la conquête. Mais il s'est alors produit un fait dont il y aura lieu un jour de tenir compte. Les indigènes algériens, qui ne comprennent pas la distinction qui sépare le protectorat de la conquête effective, sont assez surpris de voir qu'un traitement différent du leur est appliqué à leurs coreligionnaires de l'ancienne province d'Afrique. La prudence exige qu'à l'avenir on s'ingénie à diminuer cet écart et on y arrivera plutôt par des compensations que par une entière similitude d'institutions. On est, du reste, déjà entré dans cette voie.

Mais c'est au Maroc, où l'influence française ne va plus tarder maintenant à se faire sentir, qu'il est important de procéder attentivement, de façon à nous concilier ces populations plus rudes encore que ne l'étaient naguère celles de l'Algérie.

A moins de vouloir entretenir sur pied une nom
breuse armée pour réprimer d'incessantes révol-
tes, il faut à tout prix éviter de froisser de front
leur sentiment religieux. Avec quelque adresse,
rien n'est plus aisé que de tourner la plupart des
difficultés et de trouver une solution qui satisfasse
provisoirement nos intérêts Un peu plus tard,
on cherchera le moyen de faire un nouveau pas
en avant et, de proche en proche, on ne tardera
pas à obtenir tout ce que l'on désirera.

Certes la connaissance de la langue arabe est
indispensable aux agents d'exécution dans les contrées du Nord de l'Afrique. Elle est éminemment
utile aussi à ceux qui dirigent les affaires de haut,
mais moins à coup sûr que l'étude attentive des
bases fondamentales de la religion musulmane. Et
c'est dans la pensée de faciliter la tâche des uns
et des autres que ce *vade-mecum* a été rédigé.

J'ai essayé d'envisager cette question politico-
religieuse sans parti-pris d'aucune sorte, ce qui
est toujours fort difficile quand il s'agit d'un
peuple étranger ou d'une religion à laquelle on
n'appartient pas. On trouvera peut-être que j'ai
été trop indulgent ; ce qui est certain, c'est que
j'ai dit ce que je pense.

L'ISLAMISME

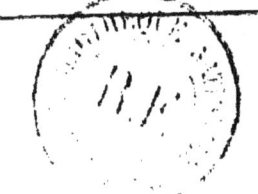

I

GÉNÉRALITÉS

La religion que Mahomet prêcha en Arabie, au début du VIIe siècle de notre ère, porte en arabe le nom de *islâm*. On emploie volontiers ce vocable tel quel en français, cependant on lui donne le plus souvent la forme francisée *islamisme*. Quant au mot mahométisme, il est devenu d'un usage si rare qu'on peut le considérer comme tombé en désuétude.

Celui qui professe l'islamisme se nomme musulman, appellation qui représente approximativement la transcription de *meselmin*, prononciation vulgaire du pluriel d'un participe présent arabe *moslimin* qui se traduirait très exactement par *islamisant*. Il est inexact de remplacer musulman par *croyant*. Sans doute, comme chacun le sait, on donne au Calife le titre de « prince » ou « commandeur des croyants », mais en employant cette expression, on

1

entendait dire que les juifs et les chrétiens, vivant dans les Etats du Calife, étaient placés sous ses ordres aussi bien que les musulmans.

Etymologiquement, le mot arabe *islâm* a le sens d'abandonner quelque chose à quelqu'un ou encore de résigner une fonction. En employant cette déno- mination pour caractériser la nouvelle croyance, il semble bien qu'on ait voulu préciser que chrétiens, sabéens et juifs qui, aux termes mêmes du Çoran, sont des *croyants* (moumin) devaient dorénavant résigner leurs anciennes croyances religieuses s'ils voulaient profiter de tous les avantages que Dieu assurait aux adeptes de la foi nouvelle. L'emploi tardif du mot *islâm* et aussi le fait que l'on oppose le musulman au croyant dans maints passages du Coran, sont en faveur de cette hypothèse.

Toutefois, les lexicographes arabes ont adopté une autre explication touchant l'origine du sens du mot *islâm*. Suivant eux ce terme signifierait « manifester son humilité vis-à-vis de Dieu » ou encore « s'aban- donner à Dieu, se résigner à sa volonté ». Mais ils ajoutent que l'*islâm* implique la manifestation exté- rieure de la foi en accomplissant tous les rites fixés par le Prophète, tandis que l'*imân*, qui fait qu'on est *moumin* ou croyant, n'implique qu'une foi intime qui peut n'être accompagnée d'aucune pratique ou encore de pratiques extérieures très variables.

Or, cette distinction, admise par tous les auteurs, n'est nullement expliquée par l'étymologie des lexicographes arabes, tandis qu'elle semble bien éclairée, au contraire, par le sens que j'ai indiqué tout d'abord pour le mot *islâm*. Et cette opinion est d'autant plus probable que, dans la pensée de Mahomet, la religion a subi une évolution progressive, parallèle à la marche de l'humanité, en sorte que chaque révélation nouvelle a constitué un progrès sur la révélation précédente et a fait perdre à cette dernière toute son efficacité. D'après cette conception, l'islamisme a été le perfectionnement du christianisme, qui, lui-même, est une forme religieuse supérieure au judaïsme, cette dernière ayant elle-même réalisé un progrès sur la religion d'Abraham.

Aucune statistique rigoureuse ne permet d'établir le chiffre précis des musulmans répandus sur la surface du globe. Cependant, tout porte à croire qu'ils sont au nombre d'environ deux cent millions et ce chiffre paraît être plutôt un minimum. On trouve des musulmans sous les climats les plus divers et parmi les peuples des races les plus différentes. Toutefois, c'est l'Asie qui, après avoir été le berceau de la nouvelle croyance, est restée son domaine principal; l'Afrique vient en seconde ligne, suivie d'assez loin par l'Europe et l'Océanie. Jusqu'ici, l'Amérique ne compte aucune communauté musulmane. Les essais de conversion, tentés par un ancien vice-consul américain, n'ont pas encore donné un résultat appréciable et rien n'annonce qu'ils aient prochainement des chances d'un plus éclatant succès.

Mais, — chose digne de remarque, — l'islamisme est, de toutes les religions actuelles, celle qui fait chaque jour le plus grand nombre de prosélytes, sans avoir pour cela la moindre organisation spéciale telle, par exemple, que celle des missionnaires chrétiens. Chaque fidèle est, pour ainsi dire, un agent de propagande; il n'a besoin, pour remplir ce rôle, d'aucun encouragement, ni moral, ni matériel et le salut éternel est le seul mobile qui le pousse à agir. Tout en vaquant à ses occupations habituelles et sans rien changer à son train de vie ordinaire, il cherche à convaincre son entourage, plus encore par la dignité de sa conduite que par des paroles séduisantes ou des promesses matérielles. Son succès est presque toujours assuré lorsqu'il se trouve en face de populations primitives, comme c'est le cas dans l'intérieur de l'Afrique. Ailleurs, la propagande se fait d'une façon beaucoup plus lente et ne réussit que de loin en loin, mais ce qu'il y a de remarquable, c'est que jamais aucun des nouveaux convertis n'abjure plus tard la foi islamique.

Aucune déperdition ne vient donc amoindrir le nombre des musulmans et comme, d'autre part, la natalité est très grande dans les pays où s'exerce leur prosélytisme, il en résulte que la vitalité de l'islamisme est plus grande que celle de la plupart des autres religions, puisque celles-ci, du seul fait de l'indifférence religieuse ou des progrès de la libre-pensée, subissent chaque jour un déchet qui n'est pas compensé par le maigre appoint de néophytes que leur amène la prédication de leurs missionnaires. C'est, du reste, en vertu d'un procédé analogue que le protestantisme gagne chaque jour du terrain sur le catholicisme, le protestantisme s'étant surtout développé parmi les nations les plus prolifiques de l'Europe.

Sans doute il est permis d'objecter que l'extension de l'islamisme par la propagande ne se produit que chez des populations d'une civilisation moins avancée que celle de l'Europe ou chez des races dites inférieures. On serait donc en droit d'en induire qu'elle s'arrêtera fatalement le jour où elle aura achevé de convertir les peuplades fétichistes du Continent noir, par exemple. Rien cependant ne prouve qu'il en sera ainsi. Non seulement nous voyons l'Inde et la Chine envahies de plus en plus par la doctrine prêchée par Mahomet, mais, chose plus surprenante et très caractéristique, l'Europe elle-même commence à subir les premiers effets de la propagande islamique.

Liverpool possède une petite communauté musulmane qui, chose singulière, est en majorité composée de femmes anglaises. On a tenté, en Amérique, d'entrer dans cette même voie sans arriver jusqu'ici, il est vrai, à un résultat appréciable. Mais si ces essais n'ont encore donné que de forts maigres résultats, il ne faut pas oublier que dans des pays comme l'Angleterre et l'Amérique, les idées religieuses nouvelles font vite leur chemin aussitôt qu'elles ont réussi à vaincre les premiers obstacles qui entravent, à son début, toute innovation et qu'il suffira d'une circonstance fortuite favorable pour que la foi musulmane y trouve de nombreux adhérents. D'ailleurs, de temps à autre, les journaux arabes signalent des conversions isolées d'européens ou d'européennes à Constantinople, en Tunisie ou dans l'Inde. Et, que ces rénégats soient juifs ou chrétiens, hommes ou femmes, aucun d'eux, semble-t-il, n'agit dans un but intéressé comme le font exceptionnellement, au Maroc, certains individus peu recommandables qui cherchent ainsi à échapper à la vindicte publique de leur patrie.

Comment expliquer qu'une religion, somme toute déjà vieille, puisqu'elle compte treize cents ans d'existence, exerce une aussi vive attirance alors qu'elle n'emploie aucun moyen pour se mettre en vedette, qu'elle n'use d'aucune réclame et qu'elle ne pensionne aucune corporation en vue de faire du prosélytisme? La principale raison, la seule certaine, peut-être que l'on puisse invoquer, c'est que l'islamisme, tout en ayant une morale aussi pure que n'importe quelle autre des grandes religions, n'impose au fidèle aucune obligation qui soit en contradiction avec les lois de la nature humaine et qu'elle ne lui fait jamais un mérite de les avoir méconnues ou violées.

L'islamisme n'oblige personne à vivre célibataire

et ne conçoit pas le mérite qu'il y a à faire vœu de chasteté. La réclusion volontaire, les macérations excessives ne lui semblent pas constituer des actes de piété. Tout au plus, dans le jeûne de Ramadan, a-t-il interverti l'ordre normal des choses en faisant au point de vue de l'alimentation et des jouissances physiques du jour la nuit, ou de la nuit le jour, pendant un mois de l'année. Le martyre proprement dit lui paraît inutile sinon funeste. Il n'encourage personne à aller au devant de la mort sauf quand il s'agit de défendre les intérêts généraux de la communauté musulmane menacée par l'ennemi et ce sacrifice qu'il exige de ses fidèles est autant de caractère patriotique que de caractère religieux. Et même, dans ces circonstances, il ne veut point de bravoure inutile qui n'aurait pas de conséquences pratiques. S'il prescrit de sacrifier sa vie pour le bien de la masse de ses semblables et de faire profiter ses coreligionnaires des dons que Dieu lui a départis : santé, vigueur ou fortune, c'est que la vie et les avantages qu'elle procure ne sont point en réalité la propriété de l'homme, Dieu lui ayant seulement *prêté* la vie pour un temps déterminé. Ce prêt qu'il a reçu, l'homme ne doit rien faire pour en hâter la restitution, sauf quand Dieu juge que cela est nécessaire pour le bien public.

Un autre caractère tout particulier et bien séduisant de l'islamisme, c'est qu'il ne violente la raison que dans une mesure relativement assez faible.

Dans sa forme pure et primitive il ne comporte pour ainsi dire qu'un seul mystère : l'existence d'un Dieu unique dont la toute-puissance est absolue. Cela admis, tout le reste s'explique sans qu'on ait trop de postulats à invoquer. Mahomet, qui a servi d'intermédiaire à la divinité pour transmettre la nouvelle croyance sur terre, est né comme tous les autres hommes, il a vécu comme eux et comme eux il est mort aussi. Il participe si peu de la nature divine qu'il n'a pu être en contact direct avec Dieu et qu'il a fallu qu'un ange lui apportât la révélation. Et la nature humaine du Prophète était si éloignée de celle de la Divinité que malgré l'interposition de l'ange Gabriel, la parole de Dieu ne pouvait être entendue par Mahomet, sans qu'il fût en proie à des crises très violentes.

La légende a attribué à Mahomet le pouvoir de faire des miracles, mais lui, du moins, s'est toujours énergiquement défendu d'avoir jamais possédé un pareil don. La croyance au Destin ne s'accommode guère avec l'idée du miracle, car le Destin est, en réalité, la représention des lois immuables de la nature et ces lois, d'après les musulmans, Dieu ne songe jamais à les changer ou à les modifier. D'ailleurs, au dire de certains auteurs, dont l'orthodoxie ne saurait être mise en doute, le prétendu miracle de l'*Ascension nocturne*, par exemple, ne serait qu'un simple rêve suggéré par Dieu. En entendant le Prophète faire le récit de cette vision, on a été tout porté à croire que ce voyage au ciel s'était effectué en réalité.

Sous l'influence du temps et du milieu, toutes les choses de ce monde subissent une transformation. La religion musulmane a donc subi la loi fatale et elle n'est plus aujourd'hui ce qu'elle était autrefois. Maintenant qu'elle est professée sur un immense territoire et par des hommes d'origines très diverses, elle s'est déjà modifiée d'une façon assez profonde et il est bien certain qu'elle se transformera encore à travers les âges. De par la force des choses les musulmans seront amenés à introduire des réformes dans leurs institutions politiques ou sociales et la religion par contre-coup subira une évolution parallèle.

Dans quelle mesure se produiront ces changements et sur quels points porteront-ils? Bien osé qui voudrait le prédire. Cependant, d'une manière générale, il est permis de croire qu'ils ne se feront pas suivant une progression bien régulière. De temps à autre il y aura sûrement des retours en arrière et peut-être n'est-il pas téméraire d'avancer que l'on se rapprochera le plus possible de la forme primitive du culte avec un certain nombre de coupures indispensables. On peut également supposer que l'unité sera de nouveau rompue et que de nouveaux schismes feront leur apparition. Toutefois, à en juger par ce qui s'est passé durant les treize derniers siècles, il y a tout lieu de croire que les pratiques plus que

1.

les dogmes seront l'objet de grandes altérations.

La plupart des modifications apportées à l'islamisme primitif proviennent des survivances des anciens cultes auxquels il s'est substitué. Ces altérations sont devenues plus vivaces dans les pays où l'ignorance de la masse était profonde, comme c'est le cas pour les anciens Etats barbaresques et pour le Maroc en particulier. Là, au contraire, où l'instruction était plus répandue, l'orthodoxie est restée plus grande, ou, plus exactement peut-être, les changements ont tiré leur origine du fond même de l'islamisme, au lieu d'être empruntés à des cultes étrangers, ce qui peut les faire paraître plus orthodoxes.

La diffusion de l'instruction parmi les musulmans aura donc pour conséquences d'accélérer l'évolution religieuse interne, pour ainsi dire, qui s'est à peu près arrêtée au moment où la dynastie des Abassides approchait de son déclin. De nouvelles discussions théologiques viendront provoquer parmi les esprits une certaine agitation qui se traduira par l'apparition de doctrines diverses qui deviendront les germes de sectes ou même de schismes. Bien des choses changeront donc encore dans ce monde musulman qu'il est de mode de dire immuable, ce qui serait un pur miracle si le fait était vrai. Si Mahomet revenait sur cette terre passer quelques jours, il serait grandement surpris de voir ce qu'est devenue la religion qu'il a prêchée. Il la reconnaîtrait encore sans doute, mais il est peu probable qu'il serait heureux des transformations qu'elle a subies et surtout qu'il fût flatté du culte personnel dont il est devenu l'objet, car ce culte, il le partage dans une certaine mesure avec nombre de personnages que seules leur folie ou leurs excentricités ont désignés à la vénération des fidèles.

Pour arriver à une appréciation aussi saine et aussi exacte que possible du véritable caractère de l'islamisme, il ne suffit pas de le considérer seule· ment dans son état actuel ; il faut encore et surtout l'examiner à son début et discerner ce qu'il était dans la pensée de son fondateur avant que les cir- constances en aient modifié la forme primitive. Il ne serait pas inutile en outre, de rechercher dans les altérations survenues, celles qui ont un caractère temporaire en ce sens qu'elles ne répondent pas en aucun côté, aux conceptions de Mahomet. Deux do- cuments permettent à cet égard de se renseigner avec une presque entière certitude, ce sont le Coran et les hadits.

On trouvera plus loin tous les détails nécessaires sur ces deux textes qui feront chacun l'objet d'un chapitre spécial. Mais, avant de terminer ce rapide exposé des faits généraux qui se rapportent à l'isla- misme, il est une autre question qui mérite d'arrê- ter l'attention : dans quelle mesure l'islamisme a-t- il contribué au développement de la civilisation arabe ?

En thèse générale, la religion n'apparaît point comme un élément générateur de la civilisation ; son rôle a été toujours, au contraire, celui d'un frein. La Grèce et Rome, à qui nous devons directement en Europe les bases les plus solides de la civilisation moderne, n'ont, au temps de leur splendeur, connu d'autre religion que l'idolâtrie. Les Egyptiens et les Assyriens, qui ont été leurs précurseurs et leurs maîtres, étaient également de purs idolâtres. Ni le mosaïsme, ni le christianisme ne peuvent revendiquer une part égale à celle des Grecs et des Romains dans notre civilisation moderne et c'est encore dans les livres grecs et romains ou par l'étude des institutions de ces deux peuples et de leurs monuments, que se fait de nos jours l'éducation de tout homme civilisé. A peine entrevoit-on aujourd'hui le moment où il sera possible de négliger cette source d'initiation pour puiser directement dans des œuvres qui, en réalité, n'en sont que le développement et la continuation.

Les Arabes n'ont point trouvé ailleurs que nous, les principes fondamentaux qui leur ont permis, en quelques années, de prendre une place prépondérante dans l'empire du monde, aussi bien en Orient qu'en Occident. Toutefois, comme ils possédaient une littérature propre, dans une langue riche et perfectionnée, à laquelle le Coran avait donné un caractère divin, ils délaissèrent de parti pris toutes les œuvres purement littéraires et se bornèrent à tra-

duire tout ce qui avait trait aux sciences exactes ou
encore à la médecine, à la philosophie, à la logique,
etc. Grâce à cette sélection, les Arabes ne cherchèrent point à traduire les ouvrages écrits en latin et, de
la sorte, ils perdirent l'occasion d'introduire dans
leur littérature certains genres auxquels leur langue
eût parfaitement pu se prêter.

La religion musulmane ne fut donc pour rien dans
les progrès que les Arabes ont accompli dans la
plupart des sciences qu'ils ont empruntées aux
Grecs. Son rôle, en cette circonstance, se borna à
être tolérante, c'est-à-dire à accepter qu'on allât
chercher la science en dehors du Coran bien que ce
livre sacré contienne en puissance l'universalité des
connaissances auxquelles peut parvenir la raison
humaine. Mais il est bien évident que les plus purs
orthodoxes entendent ainsi parler surtout de la
religion, de la morale et de la loi, sinon on ne com-
prendrait plus que le Prophète ait pu dire : « Re-
cherchez la science, fût-ce en allant jusqu'en Chine. »

Si, à l'exception de l'architecture, tous les arts
furent proscrits par l'islamisme, c'est uniquement
dans la crainte que la beauté de quelque chef-d'œuvre ne provoquât un retour à l'idolâtrie. C'est également pour éviter toute tentation de ce genre, que
les œuvres purement littéraires des Grecs et des
Romains n'ont point été l'objet d'études ou de traductions. Les dieux du paganisme y étaient trop
souvent mis en scène pour qu'on pût arriver à l'in-

telligence de ces textes sans avoir abordé au préalable la mythologie, et ces légendes étaient parfois si
gracieuses et si séduisantes, qu'elles n'auraient pas
manqué de troubler la conscience de certains fidèles. En accomplissant ainsi sa fonction normale, le
frein religieux empêcha peut-être certain mal de se
produire, mais à coup sûr il mit des entraves au
progrès de la civilisation arabe en lui interdisant un
champ d'action où elle aurait utilisé de très nombreuses aptitudes naturelles qu'elle devait rencontrer
parmi les hommes qui adoptèrent plus tard la foi
musulmane et la langue arabe.

La civilisation arabe n'a pour ainsi dire pas eu de
jeunesse, puisqu'elle a mis moins de deux siècles à
atteindre sa maturité. Cette évolution si rapide lui a
été funeste. Au moment où, avec toute l'ardeur des
néophytes, les Arabes se livraient à leurs grands
travaux scientifiques, la ferveur religieuse était encore trop intense pour leur laisser toute leur liberté
d'esprit dans les cas où la foi et la raison ont peine à
s'accorder. Chaque fois donc, qu'un conflit se produisit entre la science et la religion, ce fut en faveur
de cette dernière qu'il fut tranché. Plutôt que de
compromettre leur salut éternel, les hommes d'une
intelligence supérieure renoncèrent à des études qui,
cependant, leur étaient chères, pour consacrer toute
leur activité à des sujets plus canoniques et s'absorber tout entiers dans la théologie, la linguistique et la
science du droit.

De temps à autre, quelques individualités tentèrent de sortir de ce cercle étroit que la religion leur avait tracé, mais à aucune époque ces efforts n'aboutirent à provoquer un mouvement général assez intense pour obtenir l'affranchissement de la science. Le désir de traiter la science en esclave n'est point particulier à l'islamisme ; il est inné dans toutes les religions. Aucune d'elles n'est favorable à l'indépendance de la raison, car celle-ci, quoi qu'on fasse, atténue fatalement le sentiment religieux et tend même à le faire disparaître sans être obligée, pour cela, de livrer un combat en règle. Si la lutte, commencée il y a douze siècles, pour savoir qui de la foi ou de la raison aurait la prépondérance dans la direction de l'humanité, a jusqu'ici été très faible dans le monde islamique, tout porte à croire qu'elle arrivera bientôt à être plus active, maintenant que les musulmans sont en contact incessant avec l'Europe.

Et alors, sous peine de disparaître à tout jamais, l'islamisme devra se cantonner uniquement dans la direction des âmes et laisser aux esprits leur entière liberté. La foi de ses adhérents sera sans doute un peu moins vive ; toutefois il lui restera toujours de nombreux fidèles, non seulement les ignorants, mais encore des gens instruits qui aiment à donner quelque repos à leur raison en oubliant par moments qu'elle existe. C'est à un partage tacite de cette nature que les principales religions de l'Europe doivent d'avoir subsisté durant de longues années, dans des conditions, somme toute, assez favorables.

Sous une forme un peu détournée et d'une façon assez vague il est vrai, la presse arabe a déjà manifesté une tendance dans ce sens. Elle trouve que les universités musulmanes auraient besoin de compléter leur enseignement par la création de nouvelles chaires dans lesquelles on étudierait certaines matières qu'on avait jugées jusqu'ici inutiles ou dange·reuses. Or, ces chaires dont on réclame la création, sont précisément celles dans lesquelles la religion n'a pas le dernier mot. Ce n'est là, à coup sûr, qu'une assez maigre réforme, mais c'est une pre·mière brèche qui en amènera d'autres à bref délai.

Provoquée du dehors, la transformation s'opérera brusquement au lieu de se faire peu à peu et gra·duellement, comme cela a eu lieu en Europe où l'ac·tivité scientifique s'est développée au fur et à mesure que la foi perdait de sa virulence. Il y aura donc une crise assez violente dont il est impossible d'envisa·ger les conséquences d'une manière exacte. Verra-t-on naître alors une sorte de protestantisme musul·man ? Nul ne saurait dès aujourd'hui se prononcer sur ce point qui dépend de tant de circonstances im·prévues et dont la plupart sont étrangères à la reli·gion proprement dite.

Une dernière remarque avant de terminer ces considérations générales, et d'entrer dans le vif du sujet. Tandis que Moïse et Jésus n'ont été que des

personnages religieux, Mahomet a été en outre un
chef d'État et a joué un rôle politique. Aussi son histoire nous est-elle mieux connue que celle de ses
deux devanciers. Nous possédons sur sa vie et sur
ses opinions en toute matière, des renseignements
puisés à des sources précises et non à de simples
légendes qu'il est bien difficile pour ne pas dire impossible de contrôler. Il nous est ainsi permis d'apprécier avec quelque certitude, les sentiments réels
du Prophète dégagés des interprétations que leur
ont données plus tard des fidèles. Et c'est pour
essayer de dégager ces bases véritables de l'islamisme que le résumé qui va suivre a été écrit. Il
débutera naturellement par une courte biographie
du fondateur de l'islamisme.

II

MAHOMET AVANT L'HEGIRE

En France, le fondateur de l'islamisme est connu sous le nom de Mahomet. Si incorrect que soit ce vocable, il convient cependant de le conserver, car il offre le grand avantage de permettre de distinguer à première vue le prophète des Arabes de ses innombrables homonymes. En réalité, il se nommait Mohammed. Voici, d'ailleurs, la généalogie complète qui nous a été donnée de lui : Mohammed, fils d'Abdallah, fils d'Abdelmottalib, fils de Hachem, fils d'Abdmenaf, fils de Kosaï, fils de Kelâb, fils de Morra, fils de Kaab, fils de Lowaï, fils de Ghâleb, fils de Fehr, fils de Mâlek, fils de Madr, fils de Kenana, fils de Khozaïma, fils de Modraka, fils d'Elias, fils de Modhar, fils de Nezâr, fils de Maad, fils d'Adnân.

Mahomet naquit sûrement à la Mecque; mais on ne saurait fixer avec la même précision, la date à laquelle cet événement eut lieu, les Arabes ayant bien rarement la précaution de tenir note du jour de la venue au monde de leurs enfants. On s'accorde généralement à adopter la date du 29 août de l'an 570 de notre ère et le Prophète fût-il né quelques jours plus tôt ou quelques jours plus tard, que cela n'aurait en somme aucune importance pour situer dans l'histoire ce fondateur d'une nouvelle religion.

Si les généalogistes arabes ne poursuivent pas la généalogie du Prophète au delà d'Adnân, c'est que tous s'accordent, à faire de ce dernier, un descendant direct d'Ismaël, fils d'Abraham, ce qui, à leurs yeux, constituait la plus grande noblesse d'origine. Bien qu'issus d'une même souche, tous les descendants d'Ismaël ne jouissaient pas d'une égale considération et, à la fin du VIe siècle de notre ère, la famille de Hachem, du clan des Qoraïch, était à ce point estimée à la Mecque, qu'elle possédait le privilège exclusif de fournir le titulaire d'une des charges les plus importantes du temple de la Mecque, qui était l'objet de la plus grande vénération de la part des habitants du Hedjaz. Ainsi, du seul fait de son origine, puisqu'il était l'arrière-petit-fils de Hachem, Mahomet se trouva, de par sa naissance, posséder un premier élément de succès pour l'œuvre qu'il devait entreprendre.

D'un autre côté, son grand-père Abdelmottalib avait juré d'immoler un de ses enfants mâles, le jour où il en aurait dix autour de lui en état de le défendre. Or le sort, que l'on consulta sur ce choix, désigna précisément celui qui devait être le père de

Mahomet comme devant être sacrifié à Hobal, l'une
des idoles du temple. Une devineresse de la ville du
Khaïbar indiqua fort heureusement un moyen qui
permit de substituer à l'enfant, une holocauste de
cent chameaux. Cette circonstance, la seule, d'ailleurs, qui ait attiré l'attention sur Abdallah, le père
du Prophète, devait, elle aussi, donner à la naissance de Mahomet, un caractère extraordinaire et
en quelque sorte providentiel. Mort selon les uns
quelques jours avant la naissance de son fils ou,
suivant d'autres, deux mois après, Abdallah n'a fait
aucune figure dans l'histoire de l'islamisme.

Amina, la mère de Mahomet, appartenait, elle
aussi, à la grande tribu des Qoraïch. Restée veuve
après quelques mois de mariage et n'ayant aucune
fortune, elle tint néanmoins à ce que son fils fût
élevé selon l'usage adopté par toutes les grandes
familles de la Mecque, c'est-à-dire à la campagne, au
milieu des bédouins nomades. Toutefois, ce ne fut
pas sans peine qu'elle réussit à trouver une nourrice bédouine qui consentît à se charger de son
enfant, parce qu'elle ne pouvait, comme les autres
parents, assurer à une nourrice ni une rétribution
avantageuse immédiate, ni d'autres avantages mo-
raux ou matériels pour l'avenir. Cependant, une
femme nommée Halima, honteuse de rentrer dans
sa tribu, sans ramener un nourrisson, ainsi que
l'avaient fait toutes ses autres compagnes, se décida
à accepter l'enfant de Amina...

La légende rapporte un certain nombre de faits plus ou moins miraculeux qui auraient annoncé le rôle futur de Mahomet, dès les toutes premières années de sa jeunesse. De tous ces faits, un seul mérite d'être noté, c'est l'existence déjà à cette époque, d'une prédisposition à des crises nerveuses soudaines qui présentaient la plus grande analogie avec celles que Mahomet éprouva plus tard, chaque fois qu'il recevait la révélation des versets du Coran. Rien de plus naturel que ces accidents physiques aient été remarqués, bien que l'attention ne fût pas, à ce moment, attirée sur la personnalité de l'enfant. Plus tard seulement, on eut l'idée d'y voir une corrélation avec les phénomènes qui accompagnaient la révélation et un signe précurseur de la mission prophétique. Cette coïncidence, dans tous les cas, était un nouvel appoint en faveur de Mahomet.

Le Prophète n'avait que six ans lorsqu'il perdit sa mère. Privé, dès lors, de son père et de sa mère, n'ayant d'ailleurs ni frère, ni sœur, il ne connut point le charme de cette tendre sollicitude, dont la plupart des enfants sont l'objet et qui semble prolonger le temps de leur jeunesse en les débarrassant d'une partie des soucis qu'amène l'âge mûr. De bonne heure, il lui fallut donc songer à se diriger seul dans la vie et cette préoccupation explique le caractère sérieux et réfléchi, que tous ses biographes s'accordent à lui reconnaître. Son grand-père

Abdelmottalib, qui le recueillit tout d'abord, ne tarda guère à mourir, en sorte qu'il fut véritablement élevé par son oncle, Abou-Thaleb.

L'éducation des jeunes Mecquois était des plus simples. Le commerce était l'unique occupation des gens des villes et ce commerce consistait à aller surtout en Syrie, porter quelques produits venus de l'Inde et les échanger contre les denrées comestibles que l'Arabie produisait en quantités insuffisantes. Les premières années que les enfants avaient passées chez les bédouins, les avaient aguerris aux fatigues et aux dangers des voyages en caravane et, comme les affaires ne se faisaient que par voie d'échange, il n'y avait plus, en réalité, qu'à apprendre à discerner la qualité des marchandises et à lutter de vitesse pour être les premiers à approvisionner le marché. Point n'était besoin, dans ces conditions, de savoir lire et écrire, ni même de connaître une langue étrangère.

Mahomet avait environ treize ans, quand il accompagna son oncle Abou-Thaleb, qui se rendait en Syrie pour s'y livrer à des opérations commerciales. La légende rapporte qu'un moine chrétien frappé par la physionomie à la fois intelligente et réfléchie de Mahomet, prédit au jeune Qoréïchite, les plus hautes et les plus brillantes destinées. La chose en soi n'a rien d'invraisemblable; cependant, il est permis de douter que le moine ait réellement entrevu la véritable carrière que l'enfant devait

fournir plus tard. Ce que l'on peut admettre sans
difficulté, c'est que la vue d'un homme complètement détaché des choses de ce monde ait causé quelque surprise à Mahomet, qui n'était pas habitué à
un tel spectacle dans son pays natal et que l'impres-
sion, faite à ce moment sur son esprit, ait provoqué
de sa part, des réflexions curieuses qui dénotaient
une vive intelligence.

Il est possible que, malgré son jeune âge, Mahomet,
surpris de trouver en Syrie un état social si supérieur à celui qu'offrait alors l'Arabie, ait eu, dès ce
jour, le vague désir de régénérer sa patrie et de lui
assurer, par une organisation nouvelle. les bienfaits
d'une civilisation dont il constatait tous les avantages. Cependant, tout porte à croire que cette idée
ne prit définitivement corps dans son esprit que lors
du second voyage qu'il fit en Syrie, quelques années
plus tard et cette fois, en qualité de commis d'une
riche veuve dont il devait plus tard être le mari.

Toutefois, que les grands desseins qu'il devait
réaliser plus tard, aient germé ou non de bonne
heure dans son cerveau, Mahomet n'en laissa rien
paraître pendant de longues années et nul, semble-
t-il, ne reçut de lui la moindre confidence à ce sujet.
La vie qu'il menait était à coup sûr irréprochable ;
tous ses concitoyens s'accordaient à reconnaître la
droiture de son caractère, sa modestie et sa bonté,
si bien que pendant longtemps on le désigna moins
souvent par son nom véritable que par le surnom de

El-Amin (le loyal); mais rien, dans tout cela, ne décelait le réformateur.

Le besoin d'assurer son existence quotidienne obligea Mahomet d'entrer au service d'une riche veuve, nommée Khadidja-bent-Khouaïled, en qualité de factotum ou d'intendant. Cette situation, pour honorable qu'elle fût, n'était point faite pour lui permettre de jouer un rôle considérable parmi les habitants de sa ville natale. Fort heureusement pour le succès de son œuvre, elle ne dura point. Éprise de celui qui avait géré sa fortune avec dévouement et habileté, Khadidjà ne dédaigna point d'offrir sa main à son intendant et celui-ci accepta ce mariage de raison avec une femme d'un âge un peu mûr pour lui. Peut-être, cependant, était-il lui-même sous le charme de cette veuve, dont les allures maternelles à son égard lui faisaient goûter un genre d'affection, dont la mort prématurée de sa mère l'avait entièrement privé. Quoi qu'il en soit, il se trouva, dès lors, à l'abri du besoin et, grâce à l'influence qu'assure partout la fortune, il fut dorénavant en mesure de réaliser la mission qu'il devait accomplir.

Certes, en épousant une femme riche, de quinze ans plus âgée que lui, Mahomet eut un prestige moindre que celui qu'il aurait acquis s'il avait été lui-même l'artisan de sa fortune. Son caractère, naturellement modeste, s'accommoda sans peine d'une sorte de réserve à laquelle il se trouva ainsi tenu. Mais les circonstances lui venant en aide, il sut en profiter avec une extrême habileté et bientôt il regagna tout le terrain que cette alliance aurait pu lui faire perdre.

Un jour que les chefs des principales tribus de la Mecque se disputaient l'honneur de mettre en place la pierre noire du temple de la Kaaba, que l'on venait de reconstruire à ce moment, il fut décidé que l'arbitre, à la décision duquel on convint de s'en remettre pour trancher la question, serait la première personne qui entrerait dans le temple. Or, le sort voulut que cette personne fût Mahomet lui-même. Cette tâche d'arbitre était fort délicate, puisqu'il fallait éviter de froisser la susceptibilité chatouilleuse de ces grands personnages. Mahomet, dans cette circonstance, sut à la fois éviter cet écueil et se réserver pour lui-même la part la plus glorieuse. Ayant donc fait placer la pierre noire sur un manteau, il invita chacun des chefs des tribus à saisir en même temps un des bords du manteau et à soulever la pierre jusqu'à la hauteur où elle devait être placée. Alors, prenant lui-même la pierre de ses mains, il la mit définitivement en place.

L'honneur d'avoir accompli un tel acte ne pouvait manquer d'attirer sur Mahomet l'attention de ses concitoyens. De ce fait, le mari de Khadidja devint un des hommes marquants de la Mecque et si, comme on doit le supposer, il méditait déjà sa réforme, et qu'il ne fût pas bien décidé encore sur

2

le point de savoir s'il procéderait par voie politique ou par voie religieuse, il est vraisemblable que cet événement le poussa définitivement du côté de la religion, sans lui faire abandonner complètement le côté politique. En effet, vers la même époque, on le voit s'affilier à une association, dont le but était de protéger les opprimés, association dont l'action se fit encore sentir près d'un demi-siècle après l'hégire. Or, cette sorte de ligue du bien public n'avait aucun caractère religieux ; elle assurait seulement à ses adhérents une grande part d'influence dans la direction des affaires du pays. Et c'est à ce titre qu'elle contribua, dans une certaine mesure, à mettre en relief la personnalité du Prophète et lui facilita la tâche à laquelle il devait se vouer corps et âme.

Khadidja ne fut sans doute pas étrangère au désir qu'avait son mari de se produire parmi ses concitoyens. Elle exerçait un très grand empire sur lui et à son très vif amour conjugal se mêlait une certaine dose d'amour en quelque sorte maternel. Elle rêvait, pour son bien-aimé, de hautes destinées, sans pourtant songer peut-être au pinacle où il devait arriver. Elle estimait qu'un homme d'une aussi grande valeur n'avait pas le droit de rester inactif et de se confiner dans les mesquins soucis de la gérance de sa fortune. Tels étaient aussi les sentiments de Mahomet, et s'il demeura quinze ans avant de se mettre à l'œuvre d'une façon définitive, c'est évi-

demment qu'il ne voulait frapper qu'à coup sûr;
mais son but devait être déjà arrêté et, durant les
longues heures qu'il passait à méditer et à réfléchir,
il combinait ses moyens d'action pour assurer le
relèvement de sa patrie et améliorer la condition de
ses concitoyens.

Le spectacle que présentait l'Arabie à cette époque, était vraiment fait pour émouvoir le cœur d'un
homme ami du bien, épris du beau. Les longues
luttes intestines qui déchiraient sans trêve ni repos
ce malheureux pays, semaient partout la mort et la
désolation. La famine décimait les populations dont
l'unique ou tout au moins la principale ressource, le
commerce de transit, était rendu presque impossible
à pratiquer par suite du manque complet de sécurité
sur les routes. Bien peu de caravanes réussissaient
à passer indemnes au milieu de hordes pillardes
pour qui le vol à main armée était à peu près le seul
moyen d'existence. L'anarchie était à son comble ;
aucune loi religieuse ou civile n'était là pour réprimer les crimes et délits ; aucun chef n'était assez
puissant pour faire respecter son autorité et maintenir ses sujets indociles. La vendetta entretenait encore
cette agitation en perpétuant les luttes, non seulement de famille à famille, mais aussi de tribu à tribu.

A ces graves troubles intérieurs, venaient s'ajouter les dangers du dehors. Le temps n'était pas loin
où les Perses d'abord, les Abyssins ensuite, avaient
envahi le territoire de la Péninsule et menacé l'in-

dépendance de ses habitants. Du côté du Nord, les Grecs du bas Empire, qui avaient à se plaindre des incessantes incursions des bédouins, guettaient l'occasion d'envahir le pays de leurs incommodes voisins. L'Egypte leur fournissait un bon point d'appui pour cette conquête, mais les difficultés d'une telle entreprise dans ces contrées arides et désertes, avaient jusque-là retardé son exécution. Nul doute cependant que sans Mahomet, cette éventualité n'eût pas tardé à se produire.

Assurer à sa patrie une existence forte et glorieuse et la mettre ainsi à l'abri du péril étranger, tel était le problème que le Prophète se proposait de résoudre. Pour atteindre le but, il était indispensable d'avoir un lien assez solide pour grouper et maintenir dans un effort commun, toutes ces forces vives qui se dépensaient inutilement en d'éternelles discordes civiles. Seule la religion, à cette époque, était capable d'enflammer les esprits, d'unir les cœurs dans une même pensée et de mettre un terme aux compétitions individuelles de petits chefs turbulents, en assurant l'autorité suprême à un homme dont personne ne pouvait être offensé d'être le serviteur dévoué et soumis.

De 25 à 40 ans, Mahomet conçut et élabora en secret le projet qu'il comptait mettre à exécution. Un aussi long temps était évidemment nécessaire pour examiner toutes les faces de la question et prendre un parti irrévocable. Et, sous peine d'échec ou de compétition, il fallait éviter que la moindre indiscrétion fût commise. Il dut donc tout tirer de lui-même et ne pas demander un seul conseil à personne sauf peut-être à sa femme Khadidja. Il est bien difficile, en effet, d'admettre que celle-ci n'ait pas reçu quelque confidence de son mari, à partir du jour où sa résolution fut irrévocablement prise. Comment Mahomet aurait-il justifié aux yeux de sa femme, les séjours prolongés qu'il faisait dans une caverne du mont Hira et où il lui arrivait de demeurer tout un mois seul, livré à ses méditations ?

D'ailleurs, il y a un fait qui prouve que Khadidja était au courant des projets et des espérances de son mari. Le jour où celui-ci reçut sa première révélation, il s'empressa d'aller en faire part à sa femme qui, immédiatement, embrassa l'islamisme et s'écria : « Réjouis-toi, par Celui qui tient l'âme de Khadidja entre ses mains, j'espère que tu vas être le Prophète de notre nation. » De telles paroles ne sauraient s'expliquer sur la simple annonce de cette première révélation fort courte et très peu explicite ; on les comprend parfaitement au contraire, si Khadidja était informée des desseins de son mari et surtout si elle était une sorte de collaboratrice.

Il convient d'ailleurs d'ajouter que chez les sémites d'autrefois, on n'éprouvait guère plus de surprise d'entendre quelqu'un dire qu'il avait la vocation de prophète, que nous le sommes aujourd'hui d'apprendre d'une personne qu'elle veut entrer dans les

2.

ordres. Khadidja aurait donc trouvé tout naturel
l'espèce de noviciat par lequel aurait passé son
mari, et ses paroles indiquaient qu'elle estimait que
ce noviciat était enfin terminé.

Après cette première manifestation de sa mission
prophétique, Mahomet laissa s'écouler trois années
avant d'affirmer publiquement sa nouvelle doctrine.
En attendant ce moment, il convertit en secret quelques personnes de sa famille et de son entourage, en
leur recommandant de ne rien laisser apparaître de
leur croyance à ceux qui n'y seraient point initiés.
Enfin, cette période d'essai terminée, l'islamisme se
produisit définitivement au grand jour et la lutte
ouverte commença tout d'abord contre l'idolâtrie,
puis successivement contre le judaïsme et le christianisme.

Tout au début, les premiers fidèles connurent
toutes les souffrances de la persécution non point
tant à cause des croyances qu'ils professaient, qu'en
raison de l'hostilité violente qu'ils manifestaient
contre l'idolâtrie, la religion la plus largement représentée à la Mecque. Ceux qui avaient la bonne
fortune d'appartenir à la clientèle d'un personnage
assez puissant pour qu'on redoutât d'entrer en conflit avec lui ne furent point molestés, mais tous ceux
qui se trouvèrent dépourvus de cette protection efficace, durent émigrer et se réfugier en Abyssinie
pour échapper aux menaces de mort dont ils furent
l'objet de la part des Qoréïchites païens.

Le nombre de ces émigrés ne fut d'ailleurs pas considérable. Les deux groupes qui, à peu d'intervalle, abandonnèrent leur patrie pour fuir la persécution, ne comprirent en tout que 83 hommes et 18 femmes. Non seulement Mahomet ne chercha pas à les retenir, mais ce fut lui-même qui les exhorta à ne point s'exposer au martyre. Il ne se croyait sans doute pas en droit de sacrifier la vie de ses semblables au succès de son œuvre. Il préféra se réserver la possibilité de les récompenser sur terre de leur dévouement, et le sort voulut qu'il y réussît. En effet, ces émigrés appelés par les Arabes, *Mohâdjir*, ne tardèrent pas longtemps à revenir en Arabie et à jouir d'une estime toute particulière de la part de leurs coréligionnaires, en attendant la haute récompense qui leur était réservée au Paradis.

En dehors de ces humbles fidèles, certains personnages importants de la Mecque s'étaient convertis eux aussi à l'islamisme, mais, grâce à leur influence et à leur situation, ils avaient pu pratiquer librement le nouveau culte sans être obligés de se cacher ou d'abandonner leur patrie. Ce groupe, bien que peu nombreux tout d'abord, constituait pour Mahomet un appui précieux, qui venait s'ajouter à celui qu'il trouvait dans les membres de sa famille, même parmi ceux qui étaient restés païens. Il est vrai que, d'une part, le lien familial était des plus puissants parmi les Arabes et que, d'autre part, le paganisme arabe était d'une extrême tolérance. Il avait laissé

toute liberté aux Chrétiens et aux Juifs qui ne le
combattaient pas ouvertement et il eût agi de même
vis-à-vis de l'islamisme, si celui-ci ne lui avait nettement déclaré la guerre. Du reste, on comprend
sans peine que l'islamisme ne pouvait chercher des
prosélytes ailleurs que parmi les idolâtres, puisque,
au début, il admettait dans une certaine mesure
qu'on pût aller au Ciel en professant une religion
révélée, que ce fût le christianisme ou le judaïsme.

La haine que Mahomet avait voué au paganisme
et les attaques incessantes qu'il dirigeait contre
cette religion de ses concitoyens, froissèrent sans
doute vivement les chefs des Qoreïchites ; mais la
vue de personnages considérables acceptant l'isla-
nisme et devenant ainsi d'humbles serviteurs du
Prophète, leur fit entrevoir le moment où le pouvoir
politique et le pouvoir religieux se réuniraient dans
une même main et alors le danger les menaçant directement, ils essayèrent de le conjurer. Une ligue
fut fondée qui mit en interdit les deux grandes familles qui soutenaient Mahomet ; elle ne produisit
d'ailleurs aucun résultat sérieux. Toutefois, quand
Abou-Thaleb, l'oncle du Phophète et le personnage
le plus influent de sa famille, mourut, Mahomet se
trouva dans une situation assez critique et il dut
songer à chercher de nouveaux appuis pour remplacer celui qui venait de disparaître à tout jamais. Le
besoin était urgent, car on était déjà à la dixième

année de la prédication et les musulmans n'étaient
encore qu'en nombre assez restreint.

Il n'y avait guère que deux villes qui fussent à
proximité de la Mecque : Yatsrib et Thaïef. Ce fut
tout d'abord à cette dernière ville que Mahomet
s'adressa pour avoir un asile immédiat qui pût, au
besoin devenir plus tard la capitale de l'Arabie régé-
nérée. Les habitants de Thaïef, malgré une démarche
personnelle du Prophète, refusèrent nettement les
propositions qui leur furent faites afin de n'être pas
entraînés dans une lutte ouverte avec leurs puissants
voisins de la Mecque. Thaïef était d'ailleurs à cette
époque une ville assez prospère qui n'avait rien à
gagner à prendre parti pas plus en faveur des musulmans qu'en faveur des idolâtres.

Yatsrib se trouvait dans des conditions toutes différentes, aussi ses habitants se montrèrent-ils plus
favorables aux ouvertures qui leur furent faites. Six
d'entre eux se rendirent à la Mecque, embrassèrent
la nouvelle religion et s'empressèrent de faire des
prosélytes parmi leurs concitoyens aussitôt qu'ils furent de retour dans leur pays natal. Ils réussirent
dans leur propagande et l'année suivante, au nombre
de douze cette fois, ils arrivaient près de la Mecque
et prêtaient à Mahomet un serment que l'on appelle
« le premier serment d'Aqaba ». Par ce serment, qui
tira son nom d'un col en pleine campagne où il fut
prononcé, les gens de Yatsrib s'engageaient uniquem-
ment à pratiquer l'islamisme tel qu'il leur était en-

seigné à ce moment, c'est-à-dire qu'ils n'eurent pas
à promettre de faire la guerre sainte, ni même de
défendre le Prophète contre ses ennemis. Tous ces
nouveaux convertis de Yatsrib, y compris ceux qui
prêtèrent le second serment d'Aqaba, forment un
groupe spécial de musulmans que l'on nomme les
Ansâr, mot arabe au pluriel qui signifie « ceux qui
aident » ou « qui défendent avec succès ».

Tant que Mahomet ne fut pas installé à Médine les
Ansâr pratiquèrent l'islamisme en secret, ce qui rendait les conversions fort difficiles. Soixante-quatorze
d'entre eux et deux musulmans de Yatsrib étant venus à la Mecque pendant la troisième année de la
prédication, Mahomet profita de cette circonstance
pour assurer la réalisation de ses projets sur Yatsrib.
Il eut une entrevue secrète avec ces Ansâr qui prêtèrent ce qu'on a appelé le « second serment d'Aqaba »,
c'est-à-dire qu'ils s'engagèrent à donner aide au Prophète et à le défendre contre tous ses ennemis. Abbas, l'oncle de Mahomet, bien qu'il fût idolâtre,
assista et prit part aux négociations qui précédèrent
la convention qui intervint alors entre son neveu et
les gens de Yatsrib, mais ce fut dans le seul but de
s'assurer que la vie de Mahomet ne courrait aucun
danger dans la nouvelle résidence qu'il allait adop-
der.

S'il est vrai que nul n'est prophète en son pays,
Mahomet, à la suite du second serment d'Aqaba,
avait donc réussi à se procurer un nouvel élément

de succès pour la réalisation de ses espérances, l'ex-
tranéité si l'on ose ainsi dire. Yatsrib était dans une
situation toute spéciale qui la rendait éminemment
propre au rôle qu'elle allait jouer. Ville à ce moment
peu prospère, elle était naturellement jalouse de la
Mecque. Elle enviait à cette dernière ce temple vénéré qui lui amenait chaque année de nombreux
pélerins et, avec eux, un grand mouvement com-
mercial, car pas un pélerin ne manquait de profiter
de son voyage aux Lieux-Saints pour gagner quelque argent en faisant du négoce.

Yatsrib était bien un point de transit pour les caravanes qui allaient en Syrie ou qui en revenaient,
mais elle était beaucoup trop rapprochée de la Mecque pour qu'on y traitât des affaires de quelque importance en admettant, ce qui n'était pas, qu'elle fût
un centre ayant une certaine activité agricole ou
industrielle. Bien au contraire son sol était si aride
qu'il n'offrait que de maigres palmeraies et son cli-
mat était si peu salubre que personne n'en faisait
volontiers sa résidence. Il était donc tout naturel
qu'elle mît un grand empressement à accueillir un
Mecquois d'une noble famille qui se présentait
comme le fondateur d'une nouvelle religion et qui,
à ce titre, pouvait déplacer l'ancien centre religieux
de l'Arabie et attirer dans ses murs, la prospérité
commerciale qu'elle n'avait aucune chance d'acquérir
d'une autre façon.

De son côté Mahomet avait bien compris tout le

parti qu'il y avait à tirer de la rivalité de Yatsrib
avec la Mecque pour le triomphe de sa cause. Certes,
il eût préféré demeurer dans sa ville natale qui,
malgré la vive opposition qu'il y rencontrait, était
toujours l'objet de sa prédilection ; mais la lutte
était devenue par trop inégale depuis qu'il n'avait
plus son oncle Abou-Thaleb pour le soutenir et le
défendre, et la mort de Khadidja survenue peu de
temps après celle de son oncle, lui avait enlevé le ré-
confort que cette femme dévouée lui prodiguait aux
heures de découragement.

Privé, presque coup sur coup, d'un puissant appui
matériel et d'un vif soutien moral, le Prophète
n'avait plus à compter que sur lui-même et sur des
étrangers. Ses ennemis résolurent de profiter de ces
circonstances et d'avoir recours à l'assassinat qui les
débarrasserait brusquement et à tout jamais de leur
adversaire acharné. Maintenant que personne n'était
plus là qui pût venger la mort du réformateur, dont
l'alliance conclue avec les habitants de Yatsrib faisait une sorte de traître à la patrie, les Qoreïchites
cernèrent étroitement la maison qu'habitait le Prophète et décidèrent de le frapper à mort aussitôt
qu'il en sortirait.

Sous le coup de cette terrible menace qui ne pouvait manquer de se réaliser à bref délai, Mahomet
n'eut plus d'autre ressource que de fuir au plus vite,
d'abandonner le sol natal et d'aller demander aux
gens de Yatsrib de mettre à exécution les engage-

ments qu'ils avaient pris vis-à-vis de lui lors du second serment d'Aqaba. Déjà, en présence de cette
éventualité, il avait engagé plusieurs de ses fidèles
à prendre les devants et à aller s'installer à Yatsrib.

Grâce au dévouement d'Ali, son futur gendre, Mahomet réussit à tromper la vigilance de ceux de ses
ennemis qui guettaient sa sortie. Ali revêtu du manteau du Prophète, se laissa entrevoir ainsi costumé
aux sbires qui étaient apostés et, pendant que ceux-
ci, sûrs de leur proie, croyaient surveiller leur victime espérée, Mahomet réussit à gagner la campagne
par une porte dérobée ; puis, accompagné d'Abou-
Bekr, il se rendit dans une caverne située au sud de
la Mecque afin de dépister ceux de ses ennemis qui
veillaient au nord de cette ville pensant que le fugi-
tif se hâterait d'atteindre Yatsrib. En dépit de cette
précaution, Mahomet faillit être atteint lorsque,
après avoir passé trois jours dans la caverne, il re-
prit sa marche dans la direction du nord.

La légende rapporte certains faits miraculeux qui
se produisirent à cette occasion. Pour masquer la
présence d'êtres humains, une colombe installa son
nid au-dessus de l'entrée de la caverne, tandis
qu'une araignée y tissait sa toile. Un palmier chargé
de fruits se courbait jusqu'à terre pour offrir ses
fruits aux réfugiés. Enfin le cheval d'un de ceux qui
étaient sur le point d'atteindre le Prophète, au moment où il entrait sur le territoire de Yatsrib, s'en-
fonça dans le roc comme dans une simple masse de

fange. Ces récits ont eu surtout pour objet de montrer combien le danger couru avait été grand, puisque le Prophète n'avait pu y échapper que par un hasard vraiment providentiel.

Cette fuite célèbre eut lieu le 16 juillet 622 de notre ère, et c'est avec raison que les musulmans lui attribuent une importance capitale, car il est bien certain que, sans ce départ précipité, Mahomet eût été mis à mort par les Qoreïchites, et alors l'islamisme ne lui eût pas survécu. Aussi est-ce à partir de cette date mémorable que commence l'ère des musulmans, ère à laquelle nous donnons le nom d'ère de l'hégire du mot arabe *hidjra* qui signifie « fuite » ou « émigration ».

La prédication de la nouvelle religion avait, il est vrai, commencé 13 ans avant l'hégire, mais durant tout ce temps ses doctrines étaient restées en quelque sorte ésotériques. Le nombre des initiés était fort peu considérable et si quelques-uns en étaient arrivés à ne plus dissimuler leur croyance, personne ou à peu près n'osait pratiquer ouvertement les rites de l'islamisme. Toute cette période qui précède l'hégire doit être considérée comme une sorte de temps de gestation et la vie au grand jour ne commence qu'au moment où Mahomet s'installa à Yatsrib.

L'accueil que trouva le Prophète en arrivant à Yatsrib fut des plus chaleureux. En dehors de ceux qui avaient prêté les divers serments d'Aqaba et des mecquois musulmans qui venaient de s'expatrier,

les habitants de la ville manifestèrent leur joie de
posséder dans leurs murs un personnage que son
rôle religieux grandissait encore à leurs yeux. Ils
pressentaient que sa présence allait attirer l'attention sur leur cité et lui assurer une prospérité
qu'elle n'avait guère connue jusque-là. C'était
donc une sorte d'existence nouvelle qui allait commencer pour Yatsrib, et cette idée s'affirma bientôt
sous une forme concrète et bien sensible en enle-
vant à la ville le nom qu'elle avait porté jusqu'alors
pour lui substituer celui de *Medinet-en-Nebi*, « la
ville du Prophète » ou simplement, plus tard, *El-
Medina* « la Ville », mot dont nous avons fait en
français Médine.

Avant même d'entrer à Médine, Mahomet s'était
arrêté dans une petite localité très voisine de cette
ville et nommée Coba ; là, pour la première fois,
il accomplit publiquement l'office du vendredi dans
une construction appropriée à la circonstance et qui
par conséquent, est la plus ancienne mosquée musulmane. A Médine également, sa première préoccupation fut de choisir l'emplacement d'une mosquée. Il sentait le besoin de donner une grande
publicité au culte qui, auparavant, ne pouvait guère
se pratiquer qu'en cachette et isolément, et, en
outre, il tenait à bien montrer que dorénavant, l'islamisme ne redoutait plus personne ou, tout au
moins, qu'il était décidé à la lutte ouverte.

MAHOMET APRÈS L'HÉGIRE

Tant qu'il était resté à la Mecque, Mahomet n'avait été et ne pouvait être autre chose qu'un réformateur religieux. Quant à prendre la direction des affaires politiques, il n'y fallait pas songer. En effet, en admettant que tous les grands personnages influents de sa ville natale eussent fini par embrasser l'islamisme sous la seule pression qu'aurait exercée sur eux l'attrait de nouvelles doctrines, il est peu vraisemblable qu'ils eussent jamais consenti à se départir de l'autorité qu'ils exerçaient, qu'ils tinssent cette autorité de la noblesse de leur origine, de leur fortune ou des exploits brillants qu'ils avaient accomplis. Et il n'est pas téméraire d'affirmer que ce fut précisément cette crainte qu'avaient les chefs Qoreïchites de voir Mahomet transformé en souverain temporel, qui les rendit si implacables dans la guerre qu'ils lui déclarèrent. On aurait, au contraire, quelque peine à croire que la seule défense

de leurs dieux leur eût inspiré une haine aussi
vivace.

De par la force même des circonstances il n'en
pouvait plus être ainsi à Médine où Mahomet devint
à la fois un chef spirituel et un chef temporel, réalisant un cumul qui fit partie dorénavant de la charte
islamique, là où elle est appliquée dans toute sa
rigueur originelle. Il n'y avait point, en effet, dans
la nouvelle résidence du Prophète, un seul personnage d'assez grande envergure pour entrer en compétition avec lui, s'il s'agissait de diriger les affaires
générales de la cité. Du reste, le second serment
d'Aqaba avait tranché la question et personne ne
songea à trouver à redire quand Mahomet exerça
l'autorité complète de la façon la plus absolue.

La tâche était extrêmement lourde, car bien qu'il
eût dorénavant un asile assuré et un nombre respectable de fidèles groupés autour de lui et résolus à le
soutenir et à l'aider dans son œuvre, Mahomet eut à
parer tout d'abord à de graves difficultés. Il fallait à
tout prix éviter que la mésintelligence se mit entre
les musulmans et qu'une rivalité s'établit entre ceux
qui, originaires de la Mecque, avaient quitté cette
ville, et ceux qui, nés à Médine et y demeurant,
avaient formé le groupe primitif des Ansâr. En raison du service capital qu'ils avaient rendu à l'islamisme ces derniers pouvaient, en effet, prétendre à
une certaine suprématie que les Mecquois à leur
tour, étaient eux aussi en droit de revendiquer sous

le prétexte qu'ils avaient été les premiers convertis et qu'ils avaient fait le lourd sacrifice d'abandonner leur patrie.

Une mesure ingénieuse et des plus simples coupa court à tous les conflits, qu'une telle situation était de nature à provoquer. Chaque mecquois musulman fut invité à choisir un des Ansâr de Médine et à l'adopter en qualité de frère. Cette adoption n'avait pas simplement un caractère religieux, elle devait produire les mêmes effets que la même parenté naturelle aussi bien au point de vue de l'affection et du dévouement qu'au point de vue matériel. Ce procédé d'une application immédiate eut comme premier effet, de créer aux émigrés une véritable famille et de leur rendre ainsi l'exil beaucoup moins pénible. Il eut en outre pour conséquence, de supprimer toutes les querelles qui n'auraient manqué de surgir entre ces hommes à l'humeur si batailleuse, qu'un prétexte des plus futiles aurait suffi à déchaîner les uns contre les autres.

Mahomet lui-même se soumit à cette forme nouvelle de la fraternité. Toutefois, il dérogea légèrement au principe qu'il avait établi, et au lieu de choisir son frère parmi les Ansâr ainsi que l'avaient fait tous les autres musulmans, il fit à son propre neveu Ali, l'honneur de l'attacher plus étroitement à lui par cette sorte de seconde parenté. Par cette sage dérogation il sut éviter les sentiments de jalousie qui n'auraient pas manqué d'éclater parmi les

Ansâr s'il avait manifesté ouvertement sa préférence pour l'un d'eux. Sans doute il avait éludé le principe qu'il avait lui-même posé, mais cela ne pouvait tirer à conséquence, les musulmans ayant admis, dès les premiers jours, que le Prophète jouissait de certains privilèges qui l'affranchissaient de la loi commune. Du reste, le dévouement dont Ali avait fait preuve quelques jours auparavant, en risquant sa vie pour Mahomet, justifiait aux yeux de tous un véritable acte de népotisme.

Les Médinois étaient loin d'être riches et les réfugiés mecquois n'avaient guère apporté avec eux que de fortes convictions religieuses. Aussi Mahomet dût-il songer de suite à assurer des moyens matériels d'existence à tous ceux qui s'étaient groupés autour de lui. Un seul procédé s'offrait à lui pour atteindre ce résultat d'une façon rapide et sûre, c'était de piller les caravanes qui allaient en Syrie ou surtout celles qui en revenaient chargées de marchandises et de denrées destinées aux habitants de la Mecque, ses ennemis du moment. Il n'hésita pas à recourir à cette mesure radicale, qui nous paraît aujourd'hui fort barbare et peu compatible avec les sentiments que doit professer un réformateur religieux. Mais il est juste de remarquer qu'à cette époque tout au moins, cette façon de se procurer des ressources n'avait rien d'extraordinaire aux yeux des Arabes de la Péninsule, la razzia étant considérée comme un moyen légitime de gagner sa vie. Somme toute,

la moralité de ces opérations ne diffère pas beaucoup — si tant est qu'elle en diffère, — d'une spécu-
lation de Bourse habilement machinée à l'aide d'une
dépêche télégraphique mensongère ou de quelques-
unes de ces conquêtes ou annexions de territoires
qui se pratiquent si souvent de nos jours.

La bataille de Bedr fut la conséquence de la première opération de ravitaillement entreprise par
Mahomet. Une grande caravane, qui revenait de
Syrie, fut surprise par les musulmans qui s'en emparèrent après avoir complètement défait les troupes
que les Mecquois avaient envoyées pour la protéger
et la défendre. Cet événement fut particulièrement
heureux pour l'islamisme auquel il conféra du premier coup le prestige moral qu'assure la victoire dès
le début d'une lutte engagée, tout en lui fournissant
les moyens matériels dont la privation eût pu amener
sa chute irrémédiable.

Les ressources obtenues par le pillage de la caravane mecquoise ne pouvaient durer bien longtemps; il
fallait donc aviser à s'en procurer de nouvelles. Une
circonstance fortuite permit au Prophète de trouver
pour les musulmans une source de revenus beaucoup
moins précaire. Une tribu juive, voisine de Médine,
la tribu des Benou-Qaïnoqa, étant venue à manquer
aux clauses d'un traité qu'elle avait conclu avec le
Prophète, celui-ci n'hésita pas à livrer combat à ceux
qui n'avaient point tenu leur parole et, après les
avoir vaincus, il s'empara de toutes leurs terres et

les distribua à ses fidèles qui sans devenir riches,
furent du moins à l'abri des premiers besoins.

Cependant les Qoreïchites, vaincus à Bedr, ne pouvaient rester sous le coup de cette honteuse défaite
sans essayer de prendre leur revanche. Ils rassem-
blèrent donc une nombreuse armée et se mirent en
marche sur Médine. Contrairement à l'avis du Prophète qui aurait désiré rester à l'abri des murs de la
ville, les musulmans, grisés par leur première victoire, voulurent absolument se porter au devant de
l'ennemi. La rencontre eut donc lieu à Ohod en rase
campagne et, en dépit de leur bravoure, les musulmans, écrasés par le nombre de leurs adversaires,
durent lâcher pied et peu s'en fallut que Mahomet
pérît en cette circonstance. Fort heureusement il en
fut quitte pour de très légères blessures au visage et
il put regagner Médine où les Qoreïchites n'osèrent
le poursuivre, satisfaits qu'ils étaient d'avoir vengé
leur défaite de Bedr et redoutant aussi peut-être de
rencontrer quelques nouvelles troupes fraîches.

La défaite de Ohod ne découragea nullement les
musulmans. On l'attribua à l'insubordination véritable de ceux qui, par leur entêtement, avaient contraint le Prophète à quitter les remparts derrière
lesquels il aurait été invulnérable. Ainsi considérées
les choses prenaient un aspect tout différent: au
lieu d'un échec subi par la religion on n'avait plus
en réalité que le juste châtiment d'un manque de
soumission envers l'Envoyé de Dieu. Si les chiffres

3.

donnés par les chroniqueurs sont exacts, la dispro-
portion des forces entre les Mecquois et les Médinois
suffirait à expliquer la défaite des musulmans et l'in-
tention de Mahomet de ne pas s'exposer en rase campagne.

Quoi qu'il en soit, la victoire des Mecquois n'eut
aucun effet durable. Pendant quelque temps les musulmans restreignirent leur champ d'action sans cependant cesser d'étendre leur influence et d'acquérir
de nouveaux territoires. C'est alors qu'ils s'emparèrent du territoire d'une autre tribu juive, celle des Be-
nou-Nodhaïr et qu'ils firent quelque petites expéditions sans importance. Leur forces s'accroissaient
donc de jour en jour et leur puissance devenait de
plus en plus menaçante pour la Mecque qui redoutait
à la fois qu'on ruinât son commerce et qu'on lui en-
levât sa suprématie religieuse et politique.

Conscients du danger qui les menaçait, les Mecquois
comprirent que la prise de Médine porterait seule
un coup fatal à la puissance croissante de Mahomet.
Mais celui-ci, prévenu à temps, fit creuser un fossé
grâce auquel il se trouva doublement à l'abri du
choc immédiat de l'ennemi, tout en conservant plus
de facilités pour maintenir ses communications avec
l'extérieur et assurer au besoin son ravitaillement.
Dépourvus d'engins de guerre à longue portée, les
assiégeants ne surent même pas franchir la première
ligne de défense. Le siège traîna en longueur, les
privations aussi bien que la certitude de ne faire en

cas de succès qu'un maigre butin favorisèrent la discorde qui se mit dans les rangs des Mecquois. Pendant vingt jours on se contenta de part et d'autre de s'envoyer quelques flèches. Enfin un combat singulier dans lequel Ali fut vainqueur décida les assiégeants à s'éloigner pour toujours de Médine.

En dehors des intelligences que Mahomet, dit-on, avait parmi les Mecquois, intelligences qui auraient été une des causes premières de la désunion qui se manifesta parmi eux, il est à présumer aussi que beaucoup d'infidèles commençaient vaguement à croire au pouvoir surnaturel du Prophète et redoutaient d'être frappés par la colère divine s'ils avaient la témérité de continuer la lutte. Sinon on s'expliquerait difficilement qu'ils aient lâché pied avant de s'être montrés plus agressifs.

Une tribu juive, les Benou-Qoraïdza, s'était alliée aux Mecquois et avait pris part au siège de Médine. Aussitôt que ce siège eut été levé, Mahomet résolut de punir cette riche tribu qui s'était jointe à ses ennemis. L'expédition eut un plein succès; de vastes palmeraies et de grandes richesses mobilières furent confisquées et partagées entre les musulmans qui désormais n'en furent plus réduits pour vivre à piller les caravanes qui passaient à leur portée.

Le châtiment, infligé à la riche tribu juive, donna à réfléchir à tous ceux qui auraient eu quelque velléité d'épouser les ressentiments des Mecquois. Livrés dorénavant à leurs propres forces, ceux-ci renoncèrent à l'offensive et laissèrent les musulmans libres d'agir au nord de Médine. La seule bataille qu'ils avaient gagnée, celle de Ohod, ne leur avait donc procuré qu'une simple satisfaction d'amour-propre. Partout ailleurs leurs échecs avaient été d'autant plus retentissants que le nombre des musulmans s'était accru d'une façon assez lente.

Six ans après son arrivée à Médine, Mahomet ne comptait encore que 1400 fidèles, du moins tel est le chiffre que donnent les chroniqueurs lorsqu'ils parlent de ceux qui se mirent en route dans le courant de la sixième année de l'hégire dans le but d'accomplir le pélerinage de la Mecque. Cette tentative de pélerinage ressemblait singulièrement à une expédition contre la capitale du Hedjaz. Inquiets à bon droit de voir une troupe armée aussi nombreuse se présenter sous prétexte d'un acte religieux qui, selon une ancienne coutume, conférait l'inviolabilité à tous ceux qui y prenaient part, les Qoreïchites firent demander à Mahomet, qui y consentit, de signer une trève de dix ans.

Cette trève mécontenta vivement les musulmans. D'une part, ils étaient très scandalisés de voir le Prophète conclure un pacte avec des idolâtres que la nouvelle religion ordonnait de combattre toujours et sans merci, et, d'autre part, ils éprouvaient une vive déception d'être privés pour le moment des pieux avantages qu'ils comptaient retirer d'un grand acte de dévotion. En prévision de ce mécontentement, Mahomet avait eu la précaution de faire prêter à tous ses fidèles un serment, dit *serment volontaire*. Les auteurs ne sont pas bien d'accord sur les termes de cet engagement ; selon les uns, les musulmans auraient juré de défendre le Prophète jusqu'à la mort ; selon d'autres, ils auraient simplement juré de ne pas fuir. Quoi qu'il en soit, cette précaution eut le double avantage d'engager les Mecquois à demander la trêve et de prévenir toute tentative de mutinerie de la part des Musulmans.

Le pacte conclu avec la Mecque eut une haute portée morale. Pour la première fois depuis sa naissance, l'islamisme était en quelque sorte reconnu officiellement. Il existait donc maintenant un état musulman qui traitait de puissance à puissance avec les représentants de la plus importante cité de l'Arabie. Le Prophète n'était plus cet homme sans appui, ni défense, qu'on avait pu traquer comme un malfaiteur dans sa ville natale, il était devenu un véritable chef d'Etat, vénéré de ses sujets, redouté de ses ennemis.

Au point de vue matériel, la situation s'était singulièrement améliorée. Dans le domaine qu'ils s'étaient créé, les musulmans n'avaient plus à s'inquiéter des soucis de l'existence quotidienne ; ils pouvaient tourner toute leur activité vers le dehors, maintenant qu'ils étaient en paix avec la Mecque, et qu'aucun ennemi puissant n'était capable de les molester. Aussi profitèrent-ils du répit qui leur était

accordé pour accroître leurs richesses ; mais, comme
le premier appétit était apaisé et que, s'il est utile de
se faire craindre, il est dangereux de se créer des
haines trop vivaces en poussant les choses à bout, ils
agirent avec plus de mansuétude qu'au début. C'est
ainsi qu'ils n'infligèrent plus aux juifs du Khaïbar
le sort cruel qu'ils avaient fait subir aux Benou-Qo-
raidza. Sans doute, quand la ville de Khaïbar eut
succombé sous leurs coups. ils s'emparèrent des richesses mobilières de ses habitants, mais on leur
laissa leurs terres à la condition assez dure, il est
vrai, d'en partager le produit avec les vainqueurs.
Cet impôt de cinquante pour cent sur le revenu était
d'autant plus pénible, qu'en réalité, les anciens
propriétaires n'étaient plus que des usufruitiers. La
douceur du traitement était donc tout à fait relative.

Tout, d'ailleurs, devait réussir à Mahomet, depuis
qu'il n'avait plus à craindre l'hostilité ouverte des
Mecquois. Il se sentit dès lors maître du présent et
assuré de l'avenir. Il en donna la preuve manifeste
en envoyant des députations aux souverains dont les
États confinaient à l'Arabie. Le monarque persan,
Kosrou-Perwis, et l'empereur des Grecs, Héraclius
furent sans doute quelque peu surpris en recevant
une invitation à embrasser l'islamisme, religion
dont à ce moment, ils ne soupçonnaient même pas
l'existence. Pourtant, ce qui les étonna plus encore,
ce fut ce qu'ils entendirent raconter de la vénération
dont jouissait le nouveau prophète.

Cette démarche eut, malgré tout, un effet moral considérable. Elle faisait de Mahomet le représentant officiel de l'Arabie, aussi bien aux yeux des nations étrangères qu'aux yeux des Arabes eux-mêmes. Point n'était besoin qu'il le fût en réalité, du moment que tout le monde lui attribuait ce rôle. Du reste, la plupart des princes étrangers firent un accueil convenable aux députés envoyés par le Prophète et un des princes arabes, celui de la province de Bahreïn, consentit à embrasser l'islamisme.

Ainsi qu'on l'a vu plus haut, en l'an 6 de l'hégire, les musulmans n'avaient pas réussi à accomplir, comme ils le désiraient, le pèlerinage de la Mecque. En l'an 7 ils furent plus heureux. Mahomet, entouré d'un certain nombre de ses compagnons fidèles, put enfin faire aux Lieux-Saints la visite que la religion musulmane a rendue obligatoire. La cérémonie, accomplie avec tous les rites qu'elle comportait, fournit au Prophète une heureuse occasion de montrer à ses concitoyens l'espèce de culte dont il était l'objet de la part des musulmans. Ce spectacle frappa vivement l'esprit des Mecquois ; il amena bon nombre de conversions et ébranla fortement les convictions de ceux qui étaient restés attachés à l'ancien paganisme. L'idole vivante allait bientôt détrôner les dieux inertes.

Bien que le temple de la Kaaba fut encore consacré au culte des idoles, il était resté, aux yeux de Mahomet le temple saint par excellence. Il se rendait

bien compte aussi que la Mecque serait toujours la
capitale religieuse de l'Arabie, et que tous les efforts
qu'il ferait pour lui arracher ce titre, seraient absolument vains. L'essai de pèlerinage tenté l'année
précédente et celui qu'il venait d'accomplir étaient
les preuves manifestes de ces sentiments. Dans ces
conditions, il devenait donc indispensable de faire
disparaître les faux dieux de la place qu'ils occupaient, et un seul moyen permettait d'atteindre ce
but, c'était la conquête de la Mecque, conquête qui
s'imposait plus que jamais, maintenant qu'un des
rites de la nouvelle religion avait été pratiqué dans
le temple antique et vénéré de la Kaaba.

Si l'expédition contre la Mecque et la prise de
cette ville par les musulmans n'eut eu lieu qu'en
l'an 8 de l'hégire, il semble bien que le projet de s'en
emparer remontait à deux années en arrière. En
l'an 6, Mahomet n'avait avec lui que 1400 hommes
et ce n'était pas avec des forces aussi minimes qu'il
pouvait tenter une attaque ouverte contre une ville
aussi forte et aussi peuplée que l'était la Mecque. Mais
rien ne lui interdisait l'espoir, une fois introduit
dans la place pour y faire le pèlerinage, de trouver
quelque occasion de susciter un mouvement d'opinion en sa faveur, et alors ses 1400 hommes lui auraient permis un coup de main heureux.

Il est vrai que, à cette époque, Mahomet ne fit part
du dessein de conquérir la Mecque à aucun de ses
compagnons. Mais le *serment volontaire* qu'il fit pré-

ter, comme on l'a vu plus haut, à tous ceux qui l'accompagnaient, ne s'explique guère autrement que par l'éventualité présumée d'un acte auquel les musulmans les plus fervents auraient hésité à prendre part. C'était, en effet, un véritable sacrilège aux yeux de tous les Arabes que de verser le sang en combattant sur le territoire de la Mecque. De temps immémorial, il était de tradition de considérer cette ville et ses alentours immédiats comme une terre sacrée, une manière d'asile inviolable, en sorte que nul ne s'y croyait en droit de répandre le sang de son prochain sans se mettre pour ainsi dire hors la loi. Les circonstances avaient permis cette fois d'épargner aux musulmans l'horreur que devait leur produire une semblable profanation, mais on avait certainement voulu les préparer à ne point reculer devant une pareille énormité si le besoin s'en était fait sentir.

Précédemment déjà Mahomet avait revendiqué en sa qualité de Prophète le privilège de se soustraire en certains cas à la loi commune. Rien, en principe, ne l'empêchait donc de se retrancher derrière ce caractère particulier pour enfreindre les préjugés les plus respectés et oser, par exemple, livrer bataille sur le sol même de la Mecque. Pourtant la violation flagrante d'une tradition, admise par tous les Arabes de la Péninsule, lui parut une chose si grave qu'il hésita à s'en rendre coupable de sa propre autorité. Il attendit donc pour se décider que Dieu lui eût accordé une autorisation toute spéciale et pour une fois seulement, de violer la loi coutumière qui interdisait tout combat sur le territoire sacré.

Une attaque contre une tribu alliée au Prophète, attaque à laquelle prirent part quelques Qoréichites fournit un prétexte plausible pour rompre la trêve conclue avec les Mecquois. Mahomet n'eut garde de laisser échapper l'occasion qui se présentait et l'expédition contre la Mecque fut aussitôt décidée et bientôt exécutée. Au nombre d'environ 10.000 hommes, les musulmans, la conscience rassurée par l'autorisation divine, marchèrent résolument sur la Mecque et y pénétrèrent sans rencontrer de résistance sérieuse, car il n'y eut, en réalité, qu'une simple bagarre dans laquelle succombèrent seulement deux musulmans et vingt-huit Mecquois infidèles.

La facilité avec laquelle s'exécuta cette conquête ou, pour mieux dire, la reddition de la place, doit être attribuée sans doute en partie aux intelligences que Mahomet avait entretenues avec un certain nombre de ses concitoyens, mais il y a lieu de croire aussi que la stupeur éprouvée par les habitants à la vue du sacrilège qu'on osait commettre, ne fut pas étrangère à l'événement. Nul n'avait pu supposer un seul instant qu'on eût le courage de se rendre coupable d'une telle monstruosité.

La prise de la Mecque assura le triomphe définitif de l'islamisme en même temps qu'elle marqua la chute irrémédiable de l'idolâtrie en Arabie. Le pre-

mier soin du Prophète fut de faire enlever et détruire toutes les idoles qui encombraient le temple
de la Kaaba et, pour éviter à jamais un retour au
culte des idoles, il ordonna qu'à l'avenir nulle représentation figurée, image ou statue ne trouvât
place soit dans le temple vénéré consacré désormais
au culte du dieu unique, soit dans une quelconque
des mosquées bâties pour les musulmans. Il est possible, probable même, que l'art a perdu quelques
chefs-d'œuvre à cette proscription des images et des
statues, mais la religion musulmane y a sûrement
gagné.

En conservant à la Kaaba son caractère sacré pour
en faire la mosquée sainte du monde musulman,
Mahomet agit fort habilement. Il s'attirait les sym-
pathies des Mecquois en maintenant ainsi à leur
ville le titre de capitale religieuse que Médine avait
été sur le point de lui enlever. Le pèlerinage au
temple de la Kaaba devint, en effet, une des cinq
grandes prescriptions de l'islamisme, et tout musulman dut, pour faire sa prière, tourner son visage du
côté de la Mecque en quelque point du globe qu'il se
trouvât.

En revanche, Médine eut d'abord l'honneur de
continuer d'être la résidence du Prophète et plus
tard, d'être le lieu de sa sépulture. Reconnaissant
du service que les Médinois lui avaient rendu au
moment du danger, Mahomet renonça, en effet, à
s'installer à la Mecque malgré tous les avantages in-

contestables qu'un séjour dans cette ville lui aurait procurés. Il n'y retourna même plus qu'une seule fois pour accomplir le pélerinage dit pélerinage d'adieu. Grâce à cette sorte de partage de faveurs, l'islamisme se trouve avoir deux villes saintes : la Mecque et Médine.

S'il ne se fixa pas à la Mecque, Mahomet cependant y demeura quelque temps et profita de ce séjour dans cette ville pour retirer de sa victoire tous les avantages qu'elle comportait. Il fit rayonner ses troupes aux alentours de la place et obtint, sans employer la force, un certain nombre de conversions. Puis, comme les habitants de la petite ville de Honaïn, voisine de la Mecque, lui avaient déclaré la guerre, il marcha contre eux avec tous les musulmans appuyés par des contingents mecquois et leur livra un rude combat qui faillit avoir pour lui une issue fatale, une partie des musulmans ayant lâché pied à un moment donné. Pour réparer ce demi-échec, il poursuivit l'ennemi qui s'était réfugié à Thaïef et fit le siège de cette ville contre laquelle il devait nourrir une certaine haine, car elle avait refusé de lui servir d'asile tout au début de sa mission.

La prise de Thaïef permit de faire de grandes largesses aux auxiliaires mecquois qui avaient pris part à cette expédition. Eux seuls reçurent tout un riche butin, ce qui fit quelque peu murmurer les Ansâr. Ceux ci, en effet, peu familiers avec les hautes vues

politiques de leur chef, ne comprenaient pas qu'on
donnât une aussi grande récompense à des gens qui
étaient encore idolâtres et dont on espérait seule·
ment la conversion à l'islamisme. Les récrimina·
tions furent très vives ; quelques protestations prirent une forme véritablement insolente et, comme
le chef des hérétiques, dits Kharedjites, était le des·
cendant d'un de ces protestataires, il est permis de
supposer que le mécontentement des Ansâr ne fut
pas calmé par les éloges que Mahomet leur adressa
en cette circonstance.

Vers le milieu de l'année suivante, l'an 9 de l'hégire, l'islamisme inaugurait pour ainsi dire cette
longue série d'expéditions lointaines qui devaient
porter de tous les côtés du globe la domination des
vrais croyants. A vrai dire, ce n'était guère encore
qu'un prélude, mais il était bien caractéristique.
Mahomet dirigea lui-même cette campagne à la
suite de laquelle les gens de Tebouk durent lui
payer tribut. Or, Tebouk était au pouvoir de chefs
grecs, sujets de l'empereur Héraclius. C'était donc,
en vérité, la guerre déclarée à un grand empire par
un chef d'état qui ne disposait, à cette époque, de
guère plus de 30.000 hommes. Pour risquer une pareille aventure il fallait vraiment une grande foi
dans l'avenir.

A la fin de l'an 9 de l'hégire, Abou-Bekr, père
d'Aïcha, une des femmes du Prophète, fut chargé de
conduire les musulmans au pélerinage de la Mecque.

Ali, le cousin et le gendre de Mahomet, fut très froissé de n'avoir pas été choisi pour remplir cette haute mission. Pour ménager la susceptibilité de son gendre, sans cependant revenir sur sa décision, Mahomet eut recours à un compromis ; il chargea Ali de lire certains versets de la Sourate El-Barat et d'annoncer aux fidèles quelques petites réformes relatives aux cérémonies du pèlerinage. Cette sorte d'amoindrissement aux fonctions dont il était revêtu en cette circonstance froissa Abou-Bekr à son tour et un conflit fut sur le point d'éclater entre ces deux futurs califes orthodoxes. Ce fait montre assez que les rivalités qui éclatèrent plus tard entre les premiers chefs musulmans n'avaient pas attendu pour se faire jour que le Prophète ne fût plus là.

Ce fut sans doute pour éviter une nouvelle cause de discussion parmi son entourage qu'en l'an 10, Mahomet se décida à diriger le pèlerinage, le dernier qu'il effectua et qui, pour cette raison, est appelé le pèlerinage d'adieu. Peut-être, cependant, sentait-il sa fin prochaine et voulait-il une dernière fois revoir sa ville natale. Quoi qu'il en soit, au cours de cette cérémonie solennelle, Mahomet demanda aux nombreux fidèles groupés autour de lui s'il avait bien rempli la mission que le ciel lui avait confié. Il fallait être bien sûr du succès de sa prédication pour oser poser une semblable question à une foule composée d'hommes rudes, souvent violents et qui, d'habitude, ne déguisaient guère leur pensée.

Une seule protestation eût suffi pour mettre le Prophète dans un cruel embarras.

Rien ne devait plus maintenant arrêter l'élan donné à l'islamisme, ni la mort de son fondateur, ni même les graves conflits qui ne pouvaient guère manquer de surgir entre ceux qui étaient appelés à recueillir la lourde succession de chef à la fois temporel et spirituel. A ce propos, on s'est étonné que le Prophète n'eût pas clairement désigné son successeur immédiat ou tout au moins qu'il n'eût pas fixé le mode de procéder pour choisir celui qui, après lui, serait appelé à diriger les musulmans. Cependant, en y réfléchissant, on est conduit à reconnaître que son silence à cet égard a été encore le parti le plus sage.

Il est bien évident que le choix direct du Prophète eût porté sur l'un des quatre personnages qui furent plus tard appelés au pouvoir suprême sous le nom de califes orthodoxes. Mais qui prendre tout d'abord ? Ali, à la fois parent et allié du Prophète, était encore assez jeune et d'ailleurs il ne paraît pas avoir eu les qualités nécessaires à un homme d'Etat. C'était un rude et vaillant soldat, un homme droit et honnête, mais il manquait de décision. L'intransigeance d'Omar, qui fut si heureuse par la suite, aurait été à coup sûr fâcheuse au début ; elle aurait trop violemment contrasté avec la mansuétude habituelle de Mahomet toujours tolérant, même dans les circonstances les plus critiques.

Malgré un mérite réel, Abou-Bekr et Otsman étaient de bien moins grande envergure. Pourtant, comme on le sait, ce fut Abou-Bekr à qui échut la lourde tâche de succéder à Mahomet. La seule raison invoquée pour justifier ce choix c'est qu'il avait été chargé de présider la prière pendant le cours de la maladie du Prophète. Fallait-il voir dans ce fait une indication indirecte? C'est fort possible et, dans ce cas, deux considérations auraient pu guider Mahomet : la première, c'est que Abou-Bekr étant son beau-père, aurait plus d'autorité sur les musulmans qu'une personne qui serait complètement étrangère à la famille du Prophète ; la seconde, c'est qu'il y avait tout avantage à accentuer la différence de valeur qui séparait le fondateur de l'islamisme de son successeur immédiat.

Mahomet mourut à Médine tout au commencement de la onzième année de l'hégire, le 8 juin 632 de notre ère. Il fut enterré à Médine même où son tombeau est resté l'objet de la vénération des fidèles qui considèrent une visite à Médine comme le complément indispensable des cérémonies du pèlerinage de la Mecque.

Peu s'en fallut que la mort du Prophète n'arrêtât tout net l'expansion de l'islamisme ou même n'amenât sa disparition. Beaucoup de musulmans se refusèrent à croire que cet homme, l'Envoyé de Dieu, avait subi le sort commun à tous les êtres. Il leur semblait impossible que celui qu'ils considéraient

comme une émanation de la Divinité ne fût pas re-
monté directement au Ciel aussitôt sa mission achevée sur la terre. Abbas et surtout Omar soutinrent
avec énergie que la mort de Mahomet était bien réelle
et qu'elle ne différait en rien de celle des autres
hommes. Cette affirmation, qui écartait toute idée de
miracle, finit par être acceptée et ce résultat fut sans
contredit favorable à l'islamisme.

D'ailleurs, en insistant sur ce point, Abbas et Omar
ne faisaient que suivre à la lettre les enseignements
du Prophète et l'on évitait en outre par là une source
de contestations qui n'auraient pas manqué de pro-
. duire le plus funeste effet. On eût évidemment dis-
cuté sur ce fait et les incrédules auraient eu la partie
belle. En effet, durant tout le cours de sa prédication, Mahomet avait vécu au grand jour, ne prenant
pas la peine de dissimuler aucun de ses actes, même
ceux qui étaient d'un caractère tout à fait intime.
Son appartement communiquait directement avec
la mosquée où, d'ordinaire, il passait la majeure
partie de son temps. Sauf la nuit, il était constamment entouré d'un certain nombre de ses fidèles. A
n'importe quel moment de la journée le premier
musulman venu était admis en sa présence sans retard et sans formalité. On l'avait vu malade et chan-
celant venir prendre part à la prière et, la veille
même de sa mort, il s'était encore montré pâle et
défait sur le seuil de sa demeure. Enfin, chacun
avait pu entendre les sanglots qui éclatèrent au mo-

4

ment où il avait rendu le dernier soupir la tête pen-
chée sur la poitrine d'Aïcha, sa compagne préférée.
Soutenir, dans ces conditions, que Mohamet était
monté directement au Ciel, eût été abuser étrange-
ment de la crédulité publique.

A aucune époque de sa vie, Mohamet n'a songé à
s'attribuer un caractère en quelque sorte divin. Jamais il n'a cessé de déclarer hautement qu'il était
un homme de la même nature que les autres. Ce
qu'il a seulement proclamé en toutes circonstances,
c'est que Dieu l'avait choisi pour être son porte-
parole auprès des nouvelles générations et lui avait
ainsi confié l'office qu'avaient rempli auparavant
Abraham, Moïse et Jésus. Et c'est précisément parce
qu'il n'était qu'un simple mortel qu'il n'avait pu
être en communication directe avec Dieu et qu'il
avait fallu qu'un ange, l'ange Gabriel, lui servît d'intermédiaire pour recevoir la révélation de la parole
divine. De son temps, en effet, la croyance générale
était que nul être humain ne pouvait voir Dieu, ou
être en relation directe avec lui, sans être immédiatement foudroyé.

Déjà le seul fait de recevoir sans intermédiaire le
message divin que lui formulait de vive voix l'ange
Gabriel n'était pas sans troubler la nature humaine
du Prophète de la façon la plus extraordinaire. Chaque fois qu'il recevait la révélation il éprouvait une
crise fort pénible. On le recouvrait à ce moment
d'un voile ou d'un manteau et durant quelques ins-

tants il restait suffoqué, anéanti, tandis qu'une sueur abondante ruisselait sur tout son corps. Or, s'il avait voulu laisser croire qu'il était placé en dehors de la commune humanité, il eût pris garde de dissimuler ces crises aux yeux des fidèles et rien ne lui était plus facile que d'éviter d'être vu en un pareil état.

Dans sa jeunesse Mahomet était sujet à des attaques dont la nature nous est mal connue et qu'on a supposées être des attaques d'épilepsie. Si cette hypothèse est exacte, on est naturellement porté à attribuer la même origine aux troubles qui accompagnaient la révélation. Pourtant si l'on considère que ce phénomène se produisait à chaque révélation il est beaucoup plus probable qu'il provenait d'une sensibilité nerveuse excessive qui se manifestait chaque fois que le Prophète éprouvait quelque violente émotion. Et il n'est pas douteux que la révélation ait vivement impressionné Mahomet, que l'on admette qu'elle était réelle ou qu'on la croie fictive. Car il ne faut pas perdre de vue que tout l'avenir de la réforme dépendait du fond même et de la forme de ces phrases dont l'ensemble forme le Coran.

Les privilèges que Mahomet s'arrogea en sa qualité de prophète furent très peu nombreux et d'ordre tout à fait infime. La plupart n'avait guère d'autre but que de justifier quelques-unes des faiblesses inhérentes à la nature humaine. Cependant, il faut mettre à part le privilège qu'il s'attribua en ce qui concerne les actes de dévotion. Nul n'eut le droit de prier ou de jeûner autant que lui. Ce n'était pas pour se créer un mérite spécial qu'il agit ainsi, son unique pensée était d'empêcher les fidèles de se livrer à des pratiques de piété par trop excessives et capables de porter atteinte à leur santé. Pour lui, l'ascétisme était une véritable infirmité religieuse.

Parmi les prérogatives dont le Prophète fit usage dans un but purement profane il faut citer celle qui lui permit de posséder onze femmes légitimes à la fois. On s'explique sans peine une pareille tolérance. Aux yeux des Orientaux un grand nombre de femmes est un luxe royal et la puissance d'un prince se mesure souvent à l'importance de son harem. Il était donc tout naturel que le chef des musulmans eût sur ses sujets le même avantage que les autres souverains. En outre, avec son tempérament ardent, Mahomet sentit qu'il y aurait pour lui de très graves inconvénients à ne pas se réserver toute latitude dans ses relations matrimoniales. Il eut été, en effet, fort mal séant pour lui, soit de répudier une de ses femmes, soit de succomber à la tentation avec celle de son prochain.

Ce fut grâce à ce privilège spécial que Mahomet évita un grave scandale à propos de la femme de son secrétaire. Séduit par la beauté de cette femme que le hasard mit en sa présence il se serait peut-être laissé entraîner à la séduire; mais le mari, prévenu à temps et circonvenu d'ailleurs, répudia sa femme pour lui permettre d'épouser le Prophète. Malgré cette heureuse conclusion, l'affaire parut si scabreuse aux musulmans que Mahomet jugea utile de faire justifier sa conduite par un verset du Coran.

Dans une autre circonstance le Coran intervint encore au sujet d'une des femmes du Prophète ; ce fut à l'occasion d'Aïcha, la fille d'Abou-Bekr la femme préférée de Mahomet. Restée un jour en arrière de la caravane elle y avait été ramenée par un jeune homme, et de mauvaises langues, sans doute, l'avaient accusée d'avoir trompé son mari. Le Coran la lava de cette accusation. Ici, à la vérité, Mahomet ne pouvait en aucune façon être coupable, mais en Arabie comme ailleurs on a de tout temps fait de la faute de la femme une honte pour le mari suivant un procédé fréquent qu'on pourrait appeler la justice répercussive.

A part le nombre de ses femmes, qu'on peut à la rigueur appeler un luxe, Mahomet vécut avec la plus extrême simplicité. Son existence était en tout semblable à celle des fidèles qui l'entouraient ; il ne se distinguait d'eux ni par ses vêtements, ni par son train de vie. Souvent même, tout au début de sa prédication, le strict nécessaire lui fit défaut. Le plus souvent quelques dattes et de l'eau composaient son menu ordinaire, et parfois il en fut réduit à serrer sa ceinture pour calmer les tourments de son estomac.

Maints hadits font foi de la détresse qui régna à

4.

certains moments, dans la maison du Prophète. Un
d'eux, entre autres, nous apprend qu'un jour, Aïcha
voulut faire l'aumône à une pauvre femme arabe
qui venait mendier avec sa fille. Elle eût beau chercher dans tous les coins, elle ne trouva qu'une seule
datte qu'elle offrit aussitôt. Et, détail bien caractéristique, le hadits ajoute que la pauvresse partagea
hâtivement cette unique datte avec son enfant. Faire
un repas avec une demi-datte, c'était sans doute
chose assez rare, mais non pas aussi extraordinaire
que nous pouvons le croire et rien ne nous dit si ce
jour-là, Mahomet put se procurer même une demi-
datte pour calmer sa faim.

Il faut ajouter que le Prophète était d'une générosité excessive ; il distribuait à tout venant ce qu'il
possédait, sans s'inquiéter des privations que ses
libéralités allaient imposer à lui et aux siens. En cela,
il agissait à la façon de toute l'aristocratie arabe, où
la générosité même prodigue, était en grand honneur. Du reste, ainsi qu'on le verra plus loin, l'aumône est devenue chez les musulmans une véritable
obligation impérieuse, à laquelle nul ne songe à se
soustraire. Aujourd'hui encore, partout où l'islamisme est professé, la charité envers ses semblables peu favorisés du sort, est restée en pratique
dans toutes les classes de la société. Sur ce point,
comme sur tous les autres, l'idéal de tout musulman est de modeler sa conduite sur celle du Prophète.

Mahomet épousa successivement quinze femmes, mais il n'en eut jamais plus de onze à la fois. S'il est exact, ainsi qu'on l'assure, qu'il ne consomma le mariage qu'avec onze d'entre elles, on est en droit de croire qu'il était porté à avoir un véritable harem, plutôt par le désir de suivre les usages des chefs d'États que par son appétit charnel. Il eut en tout neuf enfants, cinq garçons et quatre filles. Sauf un garçon, Ibrahim, qu'il eut de sa concubine Maria, tous les autres étaient issus de Khadidja, sa première femme. Tous ses enfants mâles moururent en bas âge et de ses quatre filles, une seule, Fatima, mariée à Ali, laissa une postérité mâle qui perpétua sa lignée.

Tous les descendants issus de la postérité mâle de Fatima, constituent une sorte de noblesse dont les membres appelés *Seyyid* en Arabie, sont plus connus ailleurs sous le nom de *chérif*. En tous pays musulmans, les chérifs sont vénérés des fidèles ou tout au moins jouissent d'une très grande considération dont ils tirent un profit matériel et moral. Certains d'entre eux ont réussi à fonder des dynasties royales. La qualité de chérif s'établit souvent par acte notarié. La scrupuleuse exactitude des généalogies qui figurent dans ces actes notariés ne résisterait pas toujours à un examen critique un peu rigoureux. Les femmes ne sont pas exclues de cette sorte de noblesse, mais elles ne la transmettent pas à leurs descendants.

Les faits se sont chargés de démontrer que l'absence d'héritier mâle direct du Prophète, n'avait en aucune façon nui au succès de son œuvre. Il est presque aussi certain qu'un fils, arrivé à l'âge d'homme au moment où le fondateur de l'islamisme venait de descendre dans la tombe, aurait été, pour la religion naissante, plutôt une cause d'embarras et d'affaiblissement, qu'un élément de succès.

En admettant que ce fils eût hérité des vertus de son père, tous ceux qui, consciemment ou non, aspiraient à prendre la direction du mouvement religieux et national de l'Arabie, auraient certainement déployé moins de zèle et d'ardeur, s'ils avaient eu la certitude de ne jamais parvenir au pouvoir suprême. Et si ce fils avait été un homme faible d'esprit ou un débauché, la religion elle-même aurait couru les plus grands dangers. Il est donc fort heureux pour la fortune de l'islamisme, qu'il n'ait pas été livré aux hasards de l'hérédité. On ne conçoit du reste pas, que dans n'importe quelles conditions autres que celles dans lesquelles il s'est trouvé, il aurait pu se développer avec une rapidité aussi vertigineuse.

Mahomet était un esprit admirablement équilibré ; il voyait les choses telles qu'elles étaient, de même qu'il appréciait les hommes à leur juste valeur. Il n'avait d'enthousiasme irréfléchi que pour Dieu. On retrouve dans la religion qu'il a prêchée, ces deux caractères de son esprit : Sa conception de Dieu est aussi haute que possible, tandis que les pratiques de la religion sont pour la plupart fort réalistes.

Telle est, en raccourci et à peine esquissée à grands traits, la vie de cet homme extraordinaire. Son nom est universellement connu dans le monde civilisé et chaque jour, à plusieurs reprises, deux cent millions de croyants proclament qu'il est l'envoyé de Dieu. Orphelin, sans appui, sans autre moyen d'action que sa parole ardente, il a su faire pénétrer dans l'âme de ses concitoyens, une conviction si profonde et une foi si vive, qu'aucun d'eux n'a hésité à faire au besoin, le sacrifice de sa vie à la nouvelle croyance. L'élan donné était tel, qu'en moins d'un siècle, l'islamisme avait débordé de toutes parts hors de l'Arabie et était devenue la religion des peuples les plus divers des bords du Gange aux rives de l'océan Atlantique. Ni le schisme Chiite, ni les invasions des hordes tartares ou mongoles, ni les croisades des Francs, n'ont réussi à renverser ce colossal édifice ; tout au plus es.-on arrivé à en ralentir le développement et à empêcher qu'il ne vînt à couvrir la terre tout entière.

La parole magique qui a opéré cette prodigieuse révolution dans tant de consciences, c'est le texte du Coran dont il va être parlé dans le chapitre qui suit.

IV

LE CORAN

Au temps du calife Abbasside Almamoun, de longues et vives controverses agitèrent le monde musulman sur la question de savoir si le Coran avait existé de toute éternité, ou s'il avait été créé en vue seulement de la réforme religieuse prêchée par Mahomet. A première vue, cette discussion semble n'avoir qu'un caractère spéculatif ; cependant, en y réfléchissant, on comprend qu'elle ait été d'une importance capitale aux yeux des musulmans.

Admettre que le Coran était éternel, c'était en somme amoindrir la valeur des autres religions révélées qui n'apparaissaient alors que comme provisoires et fatalement condamnées à bref délai, dès les premiers jours de leur apparition. La croyance à la création récente du livre saint marquait au contraire la simple évolution d'une forme religieuse dont les principes fondamentaux étaient déjà fixés d'une manière définitive. Les Motazélites qui s'étaient rangés à cette seconde opinion, n'ont point eu

gain de cause, et la doctrine aujourd'hui orthodoxe,
est que le Coran a existé de toute éternité. Tout,
cependant, porte à croire que, sans s'être prononcé,
il est vrai, Mahomet pensait au fond comme les Motazélites.

Un point, en revanche, sur lequel aucun doute ne
s'est élevé dans l'esprit d'un seul musulman, c'est
que le Coran est la reproduction, sans le moindre
changement dans la forme ou dans le fond, de la parole même de Dieu. L'ange Gabriel l'aurait, si l'on
ose dire, phonographiée à Mahomet. De cette
croyance, il résulte ce fait capital que Dieu voulant
faire connaître aux hommes les devoirs religieux
qu'ils avaient à remplir, a choisi entre toutes les langues, celle de l'arabe du Hedjaz. Et, comme Dieu ne
saurait en rien se tromper, on en est arrivé à cette
conséquence inéluctable que le Coran est un pur
chef-d'œuvre littéraire dont la morphologie et la syn-
taxe sont d'une perfection absolue.

Il est sans doute absolument certain que Mahomet
n'a rien omis des mots que lui transmettait l'ange
Gabriel et qu'il n'a rien changé non plus à leur
forme ; mais les fidèles, qui pendant longtemps ont
répété le texte du Coran de vive voix avant que sa
mise en écrit ait été faite d'une façon définitive, ont
pu avoir quelques défaillances de mémoire. Aussi,
malgré le soin qu'on a pris de consulter tous les *por-
teurs de Coran*, c'est-à-dire de ceux qui en savaient
par cœur des fragments d'une manière certaine, il

est fort possible que le jour de la rédaction du Coran, il s'y soit glissé quelques erreurs ou quelques omissions. Ainsi s'expliquent certaines variantes de lecture bien légères à la vérité, mais qui permettent de croire que çà et là, il se rencontre quelques incorrections grammaticales sans importance, eu égard aux principes généraux de la langue et aux usages particuliers de l'idiome ancien, car maintenant nul n'a le droit d'y trouver à reprendre.

Bien que rédigé dans un style impeccable avec une correction orthographique idéale en quelque sorte, le Coran ne se comprend pas à la simple lecture. Nombre de passages seraient même tout à fait inintelligibles, si de savants commentateurs ne les avaient élucidés à la suite de longues études et de patientes recherches. Tout bon musulman qui veut éviter de trahir la pensée du Livre saint, doit s'en tenir à l'interprétation donnée par les commentateurs que l'opinion publique a désignés comme faisant autorité. Rien ne s'oppose à ce qu'un homme instruit, s'aidant de ses devanciers, fasse un nouveau commentaire du Coran, mais il risque son salut éternel, s'il n'est pas à la hauteur de sa tâche.

Le Coran est la base fondamentale de toutes les sciences musulmanes, en ce sens que c'est par lui seul qu'on est en mesure de discerner ce qui est erreur de ce qui est vérité. Il est donc tout naturel que la connaissance de la langue arabe soit répandue dans le monde musulman, mais elle le serait beaucoup moins, à coup sûr, s'il n'avait été interdit de traduire le Coran dans une langue étrangère, afin que le sens n'en fût pas travesti par des contre-sens ou tout au moins par des inexactitudes qui sont à peu près inévitables dans une traduction quelconque. Cette prohibition a eu cette conséquence fort importante d'engager tous les nouveaux convertis à délaisser leur langue maternelle et à faire usage de l'arabe pour leur haute culture intellectuelle. Il y a eu là un puissant moyen de cohésion entre les musulmans de races différentes, mais peut-être aussi un obstacle à la formation de nationalités véritables dans le monde musulman. Aujourd'hui encore, l'arabe joue le rôle si longtemps dévolu au latin parmi les populations chrétiennes de l'Europe.

La prose du Coran est d'un genre tout particulier ; l'harmonie des sons, la cadence des mots rappellent par moment la véritable poésie et pourtant ce n'est même vraiment pas de la prose rythmée. Sans doute le texte est coupé par fragments assez courts qui parfois se succèdent avec une même assonance finale répétée deux ou plusieurs fois, mais ces fragments sont de longueurs trop inégales pour qu'on puisse, en aucun cas, les assimiler à ceux de la prose rythmée.

Ces fragments qui portent en arabe le nom de *diat* (signe, miracle) et en français celui de versets ont été répartis dans la rédaction définitive du Coran en groupes formant 114 chapitres ou *sourates*. Dans cette répartition, faite après coup, au moins pour la plupart des sourates, le nombre des versets varie singulièrement, allant de 3 à 285. Le titre de chacune des sourates a été, en général, emprunté au nom d'une des choses qui y est plus particulièrement mentionnée ou d'un personnage dont il est surtout question. C'est ainsi qu'à côté des sourates : La vache, l'araignée, la lune, etc., on trouve celles de : Joseph, Abraham, Marie, etc. Quelquefois, en outre, c'est un simple monogramme dont la signification exacte est demeurée inconnue ; telle la sourate Ya, Sin, nom arabe des deux lettres correspondant à Y, S. Enfin, une même sourate se trouve encore avoir deux titres différents que chacun peut employer à volonté.

Sauf la première sourate qui ne compte que sept versets, les autres chapitres du Coran sont presque tous rangés dans un ordre qui a pour unique base le nombre des versets, les sourates diminuant de longueur à mesure qu'on avance vers la fin. Vers le milieu du Coran, cet ordre souffre quelques légères exceptions. En dehors de cette division en chapitres, il en existe d'autres qui ont un caractère rituel. La principale est celle dont on fait usage pour les offices et qui consiste à partager le Coran en 60 parties qui portent le nom de *hizb* et qui sont à peu près d'égale longueur. Quand on lit ou qu'on récite le Coran, les intonations de la voix doivent varier, tantôt s'élevant, tantôt s'abaissant suivant des règles

bien établies. Ces intonations et les pauses qui les
interrompent ont été l'objet d'une notation spéciale.
Toutefois, cette lecture est sujette à quelques variantes toutes orthodoxes et l'on admet sept façons
également bonnes de lire le Livre saint.

Après le titre du chapitre, toute copie faite avec
soin mentionne son lieu d'origine, c'est-à-dire si la
sourate a été révélée à la Mecque ou à Médine. Cette
indication a son importance, car elle date la sourate
d'une façon relative, les révélations faites à Médine
étant postérieures à celles qui se sont produites à la
Mecque. Quelques sourates, cependant, sont mixtes,
en ce sens qu'elles ont été révélées, partie à la Mecque, partie à Médine; elles sont, du reste, fort peu
nombreuses. Chaque sourate débute par ces mots :
« Au nom de Dieu, le Clément, le Miséricordieux ».
Une seule fait exception, c'est celle qui porte le titre
« l'Immunité » ou « le Repentir », et qui est classée
la neuvième. Un bon musulman n'entreprend jamais
rien sans prononcer la formule sacramentelle indiquée ci-dessus. Il suffirait d'y ajouter le geste pour
avoir l'équivalent exact du signe de la croix des
chrétiens.

Quant aux matières traitées dans le Coran elles ne
sont point classées d'une façon méthodique. Tout y
est pêle-mêle, ce qui s'explique en somme par la
façon dont la transmission de la parole divine se
faisait aux fidèles. Chaque révélation, en général
fort courte, avait pour objet de fournir au Prophète

une réponse topique aux questions de toute nature
qui lui étaient adressées, de confirmer ses décisions
déjà prises ou celles qu'il voulait prendre ou encore
de justifier sa conduite personnelle ou celle de ses
proches. Tout cela était donc subordonné au hasard
des circonstances et il est bien naturel qu'il ait été
difficile, sinon impossible, de coordonner des sujets de nature aussi dissemblable le jour où l'on
s'est décidé à procéder à un classement. L'ordre
chronologique n'a été nullement observé puisque les
47 derniers chapitres ont été révélés à la Mecque.

A la Mecque, c'est-à-dire tout au début de la prédication, la révélation a eu un caractère bien différent de celui qu'elle a pris plus tard. Elle est, en
effet, presque exclusivement consacrée à la glorifi-
cation de Dieu, à l'affirmation énergique de son
unité, à la proclamation de sa toute-puissance et en
même temps à l'annonce d'une vie future où les
justes recevront la récompense de leurs vertus, tandis que les méchants subiront la punition de leurs
fautes. Toute cette partie du Coran est d'un style
élégant et poétique qui procède cependant par phrases courtes et pleines d'énergie, comme il convient
quand on veut frapper les esprits ou éveiller leur
attention plutôt que les convaincre par des argu-
ments précis ou d'habiles raisonnements.

A Médine, au contraire, la phrase est plus longue
et sa forme a perdu quelque peu de son lyrisme.
Les idées, plus variées, sont exprimées d'une façon

plus concrète. Dans les sourates de Médine, on rencontre parfois des récits bibliques, en général fort écourtés et dans lesquels il est surtout question des difficultés qu'ont rencontrées les prophètes des âges précédents dans l'accomplissement de leurs missions, et en même temps des moyens qu'ils ont employés pour venir à bout des obstacles qui se présentaient sur leur route. A côté de ces passages, qui s'adressent plus spécialement aux juifs, on trouve l'énoncé des dogmes, l'indication de certaines rites, des sentences morales, des principes de droit ou même des dispositions législatives nettement formulées, des règles à observer dans les rapports sociaux ou dans la vie commune, et enfin quelques traits relatifs à la personne du Prophète lui-même.

La différence de style entre les révélations faites à la Mecque et celles faites à Médine, proviennent en grande partie des raisons indiquées ci-dessus. Cependant il est probable que cette différence a eu en même temps une autre cause. Les Arabes ont toujours eu un goût marqué pour la poésie. De tout temps, ils ont manié les vers avec la plus grande facilité et en ont fait un usage immodéré. Ils furent donc surpris que la révélation ne se fît pas en vers, et il avait fallu que Mahomet déployât dans sa prose une virtuosité étonnante pour qu'au début elle produisît quelque effet. Plus tard, cette recherche fut moins nécessaire. D'ailleurs, Mahomet était, dit-on, incapable de faire un vers et quand il lui arrivait d'en citer un, il était bien rare qu'il n'en troublât pas la mesure.

Tous ces sujets si divers, qui figurent dans le Coran, sont à peine effleurés; aucun n'est traité à fond. C'est là pourtant, qu'il a fallu puiser pour en tirer toutes les conséquences morales, dogmatiques, législatives ou sociales. Il eût été toujours malaisé et souvent impossible de faire bien des déductions de ce genre, si l'on n'avait eu à sa disposition les renseignements ou explications fournis par Mahomet lui-même et qui sont consignés dans les hadits dont il sera parlé dans le chapitre suivant. Si ardue cependant qu'ait été la tâche des exégètes pour cette partie de leur travail, ils eurent à procéder à une autre tâche de beaucoup plus délicate.

Quand on se livre à un examen méticuleux du texte du livre saint, afin de pouvoir distinguer ce qui est permis de ce qui est défendu, ou en d'autres termes, ce qui est bien de ce qui est mal, on remarque que certaines choses, déclarées licites dans un verset, sont ailleurs l'objet d'un autre verset qui les déclare illicites. Cette contradiction n'a nullement choqué les musulmans et aucun d'eux n'a songé à les dissimuler ou à en atténuer la portée. On a dit très franchement qu'il y avait des versets *abrogeants* tandis que d'autres étaient *abrogés* par les premiers. Puis, au cours du travail auquel on s'était livré dans le but de bien préciser quels étaient les versets appartenant à l'une de ces catégories, on reconnut une nouvelle espèce de versets, les versets *douteux* au point de vue des conclusions à en tirer cela va sans dire.

On voit par là qu'il ne suffit pas de lire une traduction du Coran, fût-elle rigoureusement exacte, pour être fixé sur tel ou tel point de la doctrine musulmane. On risque, en effet, de se servir d'un verset *abrogé* ou tout au moins *douteux*. Les musulmans citent à ce sujet une anecdote typique qui remonte à moins d'un siècle. Le général Menou avait épousé une musulmane et, arrivé en France, il réussit à la convertir au christianisme en lui lisant la traduction d'un passage du Coran où il est di ' que tous ceux, chrétiens ou juifs, qui auront cru en un seul Dieu et à la vie future, seront sauvés. La traduction était d'une exactitude rigoureuse, mais le verset était abrogé. Le savant orientaliste, qui avait trouvé cet argument décisif, était, à n'en pas douter, de la meilleure foi du monde.

A côté des choses que le Coran ordonne ou défend de faire d'une façon absolue, il est certaines actions sur lesquelles il s'est exprimé en termes beaucoup moins précis. Il est d'ailleurs bien évident qu'on ne saurait obliger un homme à faire tout ce qui est bien pas plus qu'on n'est en droit de l'empêcher, en cas de nécessité, de commettre des actes qui lui seraient interdits en temps normal. Aussi les musulmans, d'après le Coran, ont-ils imaginé de classer toutes les actions des hommes sous les quatre rubriques

suivantes : licites, illicites, recommandables et
repréhensibles. Les deux premières catégories sont
d'ordinaire l'objet d'une mention spéciale dans le
livre saint ; quant aux autres, on les détermine le
plus souvent en ayant recours à l'analogie, procédé
qu'il est toujours permis d'appliquer chaque fois
qu'un cas non prévu vient à se présenter. En vertu
de ce système, on comprend que le Coran fournisse
un moyen infaillible de discerner la véritable qualité d'une action quelconque et qu'il réalise ainsi le
but principal qu'il s'est proposé d'atteindre à savoir :
la distinction du bien et du mal.

Le mot arabe *El-Qor'ân*, dont nous avons fait le
Coran, signifie « la Lecture » ou « la Récitation »,
l'article arabe placé devant un nom commun lui
conférant, dans certains cas, la valeur d'un nom
propre. Mais, précisément en raison du rôle capital
rempli par le Livre saint, on l'appelle également
El-Forqân « la Distinction ». Ces deux appellations
sont plus caractéristiques que d'autres, dont on fait
encore usage, telles que : *El-tenzil* « la Révélation »,
Kitâb-allah « le Livre de Dieu » ou plus simplement
El-Kitâb « le Livre ». Quand il veut citer un passage
du Coran, le musulman emploie d'ordinaire la formule suivante : « Dieu, le Très-Haut, a dit ».

Le symbole de la foi musulmane, tel qu'il a été
formulé dans le Coran, est de la plus grande simplicité. Il consiste à dire : « Il n'y a pas d'autre divinité
que Dieu et Mahomet est l'Envoyé de Dieu ». Il

suffit donc, pour être musulman, de prononcer en toute sincérité et avec conviction ces paroles sacramentelles. Toute personne qui, *in extremis*, énonce cette double affirmation, est donc assurée de jouir dans l'autre monde de toutes les prérogatives qu'assure l'islamisme. Toutefois, la question s'est posée de savoir si celui qui, avant ce moment, a connu l'existence de la religion musulmane et a refusé de l'embrasser, sera lui aussi admis à bénéficier des avantages attachés à cet acte de foi. Ceux qui opinent pour l'affirmative, peuvent invoquer à l'appui de leur opinion, la conversion de Abou-Thaleb, l'oncle du Prophète. Il est juste d'ajouter que cette conversion *in extremis* n'a rien de bien authentique et qu'elle est fortement contestée.

En dehors d'une conversion à l'article de la mort, le symbole ne suffit pas à lui seul pour conférer la qualité de musulman d'une manière définitive. Il faut, en outre, croire à la vie future avec son cortège de récompenses et de châtiments éternels et accomplir différents rites, entre autres, ceux de la prière et du jeûne annuel du ramadan. Le symbole ne fait aucune mention de la vie future, parce que ceux qui, les premiers, ont adopté l'islamisme étaient imbus de cette croyance inhérente, en quelque sorte, à toutes les religions, même les plus grossières ou les plus primitives.

Et, à ce propos, il est à remarquer que l'éternité du châtiment n'existe pas pour le musulman : quelles

5.

que soient les fautes qu'il a commises, pourvu que
sa foi en un seul Dieu et à la mission de Mahomet
n'ait jamais été ébranlée ou, plus exactement, qu'il
soit mort avec cette conviction, le musulman est
assuré de trouver place au Paradis après un séjour
plus ou moins long, dans les tourments de l'Enfer.
C'est à cette croyance qu'il faut attribuer l'insistance
que mettent les musulmans à faire prononcer, par
un moribond, ces quelques mots, qui lui assureront,
à une échéance plus ou moins lointaine, l'éternelle
béatitude. C'est, comme on voit, le fidèle lui-même
qui, sur les sollicitations de ses parents ou de ses
amis, s'administre lui-même cette sorte d'extrême-
onction.

La faveur attachée à la prononciation du symbole,
aurait nécessairement fait défaut à tous ceux qui
succombent brusquement, sans avoir le temps de la
moindre réflexion; aussi a-t-on décidé que ceux qui
périssent dans un combat, dans un incendie, dans
un naufrage, dans une épidémie foudroyante, dans
une quinte de toux, sont considérés comme étant
morts munis de leur extrême-onction, si l'on ose
s'exprimer àinsi. On appelle celui qui meurt ainsi
chahîd, mot arabe que l'on traduit par *martyr* et qui,
en réalité, veut dire ici « qui a témoigné de sa foi »,
bien qu'en somme, il n'ait pas accompli le rite habituel. La femme qui meurt en couche, jouit également du privilège d'être dispensée de la formule
sacramentelle.

Au jour du jugement dernier, tous les êtres humains seront ressuscités en corps et en âme. Deux anges, spécialement attachés à la personne de chaque individu, afin d'assister à tous les actes de sa vie et de les noter sur un livret, viendront alors produire, pour celui dont la surveillance leur avait été confiée, la liste intégrale de ses bonnes et de ses mauvaises actions. Chaque action bonne ou mauvaise, sera alors représentée par un poids proportionné à son importance, puis, les poids relatifs aux bonnes actions, seront placés sur l'un des plateaux d'une balance, tandis que l'on mettra, sur l'autre plateau, les poids représentant les mauvaises actions. La pesée qui sera faite, permettra de déterminer, séance tenante, non seulement s'il y a lieu à châtiment ou à récompense, mais encore dans quelle proportion la rétribution devra être faite.

Cette formalité terminée, les bienheureux iront aussitôt occuper dans le Paradis, la place que leurs vertus leur auront assignée et pour tous, sans exception, les félicités seront éternelles. Les réprouvés seront rudement chassés vers l'Enfer où leur supplice sera également proportionné à leurs fautes. Le châtiment sera éternel, mais seulement pour ceux qui ne seront pas morts musulmans. On a déjà dit plus haut que le temps des peines des musulmans serait limité.

Afin que la joie des bons soit sans mélange et que la terreur des méchants n'ait point de bornes, on

donnera à tous la preuve qu'aucune nouvelle mort
ne viendra mettre un terme au bonheur des uns ou
au malheur des autres. Pour cela on amènera, devant tous les êtres assemblés, un bélier qui symbo-
lisera la mort, puis, cet animal sera égorgé aux yeux
de tous, de façon que chacun, sachant dorénavant,
que la mort n'existe plus, ait la certitude d'être im-
mortel, qu'il soit un des justes ou un des méchants.
Il a été également question d'une troisième catégorie
d'êtres, ceux qui ont fait autant de mal que de bien,
et qui, n'ayant mérité ni l'Enfer, ni le Paradis, se
tiendraient sur une haute muraille séparant le Paradis et l'Enfer; mais, le passage du Coran, sur
lequel s'est fondé cette légende, est si peu clair que
beaucoup d'exégètes lui donnent un tout autre sens.

Du moment que les corps ressuscitent, il est tout
naturel que les récompenses et les châtiments aient
un caractère nettement matériel, ce qui, du reste,
n'empêche pas de concevoir l'existence pour les
âmes de joies ou de peines d'ordre purement spirituel. Le feu était un supplice fatalement indiqué.
D'une part, il cause les plus atroces douleurs, et,
d'autre part, il devait sembler encore plus insup-
portable à des gens qui connaissaient déjà les
souffrances de la chaleur si pénible du pays qu'ils
habitaient.

De leur côté, les bienheureux devaient désirer
trouver dans le Paradis, tout ce qu'ils avaient tant
de peines à se procurer sur terre : la verdure des

arbres, les eaux courantes, ou encore des satisfactions physiques, dont la misère, en ce monde, les
avait privés ou que la religion leur avait interdites,
à cause des maux qu'elle pouvait faire naître, tel,
par exemple, l'usage du vin. Il serait puéril de nier
la nature sensuelle de ces jouissances, mais il serait
au moins étrange de concevoir que des êtres doués
d'un corps, n'aient point à accomplir toutes les
fonctions inhérentes à leur nature, s'ils ne font
aucun tort ni aucune violence à leur prochain. Ces
besoins sont, en somme, la conséquence inévitable
d'un organisme dont Dieu est le seul auteur.

L'islamisme a cherché à limiter autant que possible la dose de foi religieuse de ses adeptes en évitant
de leur imposer des croyances qui auraient été par
trop contraires aux exigences de la raison. Son principal souci, semble-t-il, a été d'enlever aux fidèles,
les préoccupations que provoque, dans notre intelligence, la recherche des causes de l'existence du
monde et des fins pour lesquels ce monde a été créé.
Là-dessus, il n'accepte aucune discussion, mais,
pour tout le reste, il laisse à l'homme le droit de
faire usage de sa raison dans une très large mesure.
Loin de multiplier le nombre des mystères, il a
cherché à les réduire et, à vrai dire, il n'en reste
qu'un à la base de tout son édifice, l'existence d'un
Dieu unique, tout puissant et éternel. Il n'a rien divinisé sur terre ni un seul homme, ni une seule chose.

Si la toute-puissance de Dieu est admise au sens

strict du mot, l'homme n'est plus en réalité le maître
d'aucun bien et n'a plus le droit d'agir selon sa volonté ; c'est un véritable esclave et le même vocable
arabe *abd* sert, en effet, à la fois à désigner l'adora-
teur de la divinité et l'esclave de l'homme. La vie
elle-même est considérée comme un simple prêt fait
à l'homme et quand celui-ci meurt, il ne fait que res-
tituer le prêt qui lui a été consenti. Dieu a fixé l'é-
chéance de cette dette d'une façon irrévocable ;
l'homme n'a pas le droit de la devancer, ni le pouvoir de la reculer. Si infimes soient-ils, tous les événements sans exception, sont prévus et décidés par
Dieu et nul autre que lui ne saurait en modifier le
cours; quant à Dieu, il ne saurait songer un instant
au moindre changement. C'est le fatalisme dans
toute sa pureté.

Dans la pratique cependant, cette doctrine qui,
d'ailleurs n'a pas été acceptée par tous les musulmans, est loin d'avoir la rigueur qu'on a coutume
de lui attribuer. Certes, personne ne nie que Dieu
ne soit l'auteur des arrêts du destin, mais on admet
très bien qu'il puisse surseoir à leur exécution ou
même n'en tenir aucun compte. Or, du moment qu'un
changement dans l'ordre prévu des événements peut
se produire sous l'influence de certaines circonstances, on se trouve en présence de deux hypo-
thèses : ou ce changement était lui-même prédestiné
ou l'homme possède le libre arbitre. Tout cela se
présente d'une façon assez confuse dans l'esprit des

musulmans et chacun, suivant son tempérament et
en raison des circonstances, croit ou non au fatalisme absolu.

La masse des musulmans est partout très fataliste.
Cette croyance procure aux fidèles une puissance de
résignation à laquelle n'atteignent guère ailleurs
que les hommes les plus stoïques. La résignation est
maintes fois mentionnée et encouragée par le Coran ;
aussi est-elle devenue une des forces capitales de
l'islamisme, si tant est qu'on puisse appliquer ce
mot de force à ce qui n'est en réalité que de l'iner-
tie. Cette vertu toute passive a été un des grands éléments de succès, au début de l'islamisme. A cette
époque, où la foi religieuse était dans toute son in-
tensité, elle a permis de porter à son comble l'ardeur belliqueuse déjà si vive des Arabes. Mais, si
elle leur donna alors un mépris souverain de la
mort, elle provoque aujourd'hui une sorte d'engour-
dissement qui enraye le progrès. Utile au moment
de la lutte, elle est complètement funeste en temps
de paix.

L'islamisme a plutôt le caractère d'une réforme
que celui d'une nouvelle religion. En effet, le Coran
ne méconnaît en aucune façon la valeur ou la légitimité des religions révélées qui ont précédé la prédication de Mahomet. Il paraît considérer le judaïsme
et le christianisme comme des formes successives
de la vraie religion qui se serait améliorée à chaque
étape nouvelle ou, plus exactement, se serait mise

en harmonie avec les progrès réalisés par l'humanité dans la voie de la civilisation.

Cette idée ressortait même nettement du texte de
certains versets qui, par la suite, ont pris place, il
est vrai, parmi les versets abrogés, tel, par exemple,
le verset où il est dit que Sabéens, Juifs et Chrétiens,
c'est-à-dire tous ceux qui ont cru en un seul Dieu
et à la vie future, pourront être sauvés. En dépit de
l'abrogation des versets de ce genre, cette idée de
progression est restée si bien ancrée dans l'esprit des
musulmans qu'un certain nombre d'entre eux exigent qu'un juif, avant d'embrasser l'islamisme, passe
préalablement par le chritianisme. Il ne leur semble
pas convenable de laisser ainsi brûler une étape que
Dieu lui-même avait marquée.

La théorie des étapes successives avait été utile
au début, en ce sens qu'elle ménageait les chrétiens
et les juifs qui étaient des adversaires beaucoup plus
redoutables que les idolâtres. Plus tard, au contraire, lorsque tout danger fut passé, elle risquait de
devenir fort dangereuse. Rien n'empêchait quelque
nouveau prophète de surgir à un moment donné
pour renverser à son tour l'islamisme en invoquant
comme prétexte que les circonstances étaient telles
qu'une réforme de la religion s'imposait afin de la
mettre à la hauteur du progrès. Le Coran a donc
pris grand soin d'affirmer avec énergie que Dieu
avait parfait son œuvre en révélant l'islamisme et
qu'aucun envoyé du ciel ne viendrait dorénavant

transmettre aux hommes la parole divine. Il déclara en conséquence que Mahomet était le « sceau du Prophète », expression qui sert souvent à le désigner.

L'idée du progrès de la forme religieuse à travers les âges est profondément gravée au fond du cœur de tous les musulmans et c'est elle qui, pour une bonne part, fait qu'ils n'abjurent pas leur foi. A peine pourrait-on citer quelques cas de musulmans qui, volontairement, se sont convertis à une autre religion et dans ce nombre, d'ailleurs infime, on ne trouverait peut-être que des femmes ou de tout jeunes gens. Il semble, du reste, qu'une croyance analogue existe chez ceux qui professent une des grandes religions révélées. De temps à autre, un juif embrasse la religion catholique ou encore un catholique se convertit au protestantisme, tandis que bien rarement la réciproque vient à se produire. Il ne s'agit ici, bien entendu, que de conversion à la fois volontaire et désintéressée. En matière de convictions, semble-t-il, celui qui n'est pas réactionnaire de naissance ne le devient que par intérêt.

Le Coran impose au fidèle cinq grandes obligations : la prière, le jeûne, l'aumône, le pélerinage et la guerre sainte. Les trois premières sont strictement individuelles, nul ne pouvant les remplir au nom d'un autre. La quatrième peut être accomplie par un mandataire à ce destiné. Pour être tenu de s'acquitter de ce pélerinage à la Mecque il faut, du reste, qu'on n'ait à redouter aucun danger certain et en outre qu'on possède la santé et les ressources nécessaires pour entreprendre un tel voyage. Beaucoup de musulmans meurent sans avoir mis à exécution ce pieux devoir et ne seront pas pour cela privés du bonheur éternel.

Quant à la guerre sainte, il faut remarquer tout d'abord qu'elle peut fort bien ne pas survenir durant de longues années et que bien des fidèles n'ont, par conséquent, jamais occasion d'y prendre part. Mais, même si elle a lieu de son vivant, le fidèle n'est pas tenu de se rendre à une mobilisation si un nombre suffisant de ses coreligionnaires s'est dévoué à cette tâche ou encore s'il est très éloigné du pays dans lequel la lutte est engagée. On trouvera plus loin des détails sur ces différentes obligations qui font chacune l'objet d'un chapitre spécial.

Il convient de constater, dès à présent, que le musulman ne poursuit pas un but directement intéressé lorsqu'il s'acquitte de ces cinq prescriptions. S'il fait la prière, ce n'est ni pour demander son pain quotidien, ni même son salut éternel en termes précis ; il se contente de s'écrier que Dieu est unique, qu'il est grand, qu'il possède toutes les vertus, toutes les qualités. Il le loue, le remercie sans jamais rien lui réclamer ni pour le présent, ni pour l'avenir ; il craindrait, en faisant une telle demande, de paraître douter de la justice divine. Le jeûne est une manière de manifester sa soumission aux ordres de

Dieu et non de mortifier sa chair afin de s'éviter les occasions de pécher. On fait l'aumône en vue d'être agréable à Dieu et à son prochain et non parce qu'elle confère des indulgences spéciales. Le pèlerinage, envisagé au point de vue des fidèles, n'est qu'un moyen de resserrer les liens qui les unissent et d'accroître ainsi les forces de la communauté en lui assurant une plus grande cohésion. Enfin la guerre sainte est surtout faite en vue de défendre la religion. L'appât du butin excite sans doute l'ardeur du musulman qui prend les armes, mais cette considération n'entre pour aucune part dans la déclaration de la guerre. Somme toute, on n'a donc qu'un intérêt purement moral en se conformant strictement à toutes ces obligations.

A côté de ces cinq grandes obligations d'ordre purement religieux, le Coran formule de nombreuses prescriptions dont le caractère est plutôt hygiénique ou social. Parmi ces dispositions, il faut citer en première ligne, celles relatives au mariage et à la répudiation. Sans être absolument obligatoire, le mariage est très recommandé. La polygamie est permise à la condition de n'avoir pas à la fois plus de quatre femmes légitimes ; le concubinage est autorisé. Sans entrer ici dans des détails qu'on trouvera plus loin, dans un chapitre spécial, le sort de la femme a été singulièrement amélioré par l'islamisme. Auparavant, en Arabie, elle était plutôt une chose qu'une personne. L'islamisme ne fait aucun mérite du vœu de chasteté ; aussi les célibataires, hommes ou femmes, sont-ils fort rares dans le monde musulman où la grave question de la dépopulation semble ne devoir jamais se présenter au moins comme conséquence de l'institution religieuse.

L'esclavage n'a pas été aboli par le Coran : le livre saint s'est contenté de recommander aux maîtres de se montrer très humains envers leurs esclaves et de les affranchir le plus qu'ils pourraient. L'affranchissement d'un esclave est un des moyens de racheter l'omission volontaire ou non de certains devoirs religieux. Avec le jeûne et l'aumône, il constitue une des principales formes d'expiation.

Il va sans dire que le Coran interdit et réprouve les crimes, délits ou actes que tout le monde s'accorde à regarder comme illicites. Il est donc tout naturel qu'il soit une des bases fondamentales de la législation musulmane, puisqu'il détermine, en principe, ce qui est bien et ce qui est mal ou, si l'on veut, ce qui est juste ou injuste. Toutefois, ce n'est que pour quelques grands crimes ordinaires, tels que meurtres ou vols, qu'il a fait œuvre législative véritable en fixant les pénalités à infliger comme le ferait un Code proprement dit. Encore convient-il d'ajouter que tout cela n'est pas toujours très précis. En dehors de cela, les droits successoraux sont les seuls qui aient été réglés d'une façon assez minutieuse pour que les législations postérieures n'aient eu, pour ainsi dire, rien à ajouter au texte sacré.

Cette précision accidentelle a eu pour effet de donner à la loi musulmane une apparence d'arbitraire qu'elle n'aurait jamais eu si le Coran s'était borné à des indications générales ainsi qu'il le fait le plus souvent. Toutes les théories logiquement élaborées par des jurisconsultes, se sont, de temps à autre, heurtées à des dispositions coraniques qui sont en contradiction avec la déduction rigoureuse des principes et qu'il a été impossible de modifier ou d'enfreindre sous peine de nier la nature divine du livre saint. Dans ces exceptions qui interrompent la série régulière des conséquences logiques tirées d'un principe nettement posé, on est tenté de voir une faute grossière de raisonnement, alors qu'il n'y a qu'une impossibilité absolue de faire rentrer dans le cadre ordinaire de la théorie un fait isolé que Dieu a pu régler d'après des motifs dont la nature est ignorée des hommes.

Néanmoins, grâce à ce fait, que le Coran est resté peu explicite sur la plupart des points de détail, la législation musulmane a pu atteindre un assez haut degré de perfection pour supporter la comparaison avec les plus grandes œuvres législatives. Elle a déjà progressé lentement, il est vrai, à travers les âges, mais nombre d'améliorations sont possibles dans l'avenir. Rien ne s'oppose à ce qu'on remanie les travaux des anciens jurisconsultes pour les mettre en harmonie avec l'évolution légère qu'a déjà subie la société musulmane, évolution qui, fatalement, maintenant et à bref délai sera des plus considérables.

Au cours de ces dernières années, certains Etats musulmans ont été amenés à introduire de nouvelles règles pour des questions qui cependant paraissaient tranchées d'une façon définitive. Ces changements se sont produits également dans les quatre rites orthodoxes : hanéfite, malekite, chaféite et hanbalite ; ils n'ont pas été très considérables, cela est vrai, mais le fait seul d'avoir violé si peu que ce soit le respect qui s'attache à la tradition, est l'indice des temps nouveaux qui ne tarderont plus maintenant à parachever cette œuvre.

En matière canonique, le texte sacré a formulé un Code un peu plus complet qu'en matière civile ou criminelle ; aussi, de ce côté, il faudra de longues années avant qu'on puisse espérer la moindre réforme. Cela, du reste, n'offre guère d'inconvénients au point de vue du progrès de la société musulmane. Les pratiques religieuses qui gênent le progrès tombent en désuétude sans que la religion elle-même coure un réel danger ; mais que l'on change formellement ces pratiques si peu que ce soit, la religion disparaîtra aussitôt pour faire place à une autre. La célèbre formule: *Sint ut sunt, aut non sint*, peut s'appliquer aux pratiques de toutes les religions.

Les mêmes versets du Coran prohibent à la fois le vin et les jeux du hasard. Il n'est pas toujours tenu un compte rigoureux de ces deux prohibitions. Ce-

pendant, dans les pays musulmans qui ne subissent
pas la domination étrangère, l'ivresse est fort rare,
et chaque fois qu'elle se manifeste en public, elle est
punie avec sévérité. C'est un vice qui se produit plutôt dans la classe aisée que dans la classe pauvre.
Beaucoup de jeunes gens de famille s'adonnent volontiers à l'usage des liqueurs fermentées jusqu'à un
âge qui varie entre 25 et 30 ans. Passé ce moment,
ils deviennent d'un rigorisme absolu en matière de
religion et rien ne les déciderait, dorénavant, fût-ce
pour une seule fois, à tremper leurs lèvres dans la
plus inoffensive des liqueurs défendues.

La clientèle des jeux de hasard se recrute d'une
façon tout à fait différente. Il n'y a guère que dans
la classe ouvrière où l'on voie des jeunes gens et
parfois des hommes se livrer au jeu, dans l'espoir
d'augmenter ainsi le maigre gain que leur procure
un labeur quotidien. L'âge mûr, ici encore, calme
cette passion ainsi que toutes les autres et, dans l'islamisme comme ailleurs, c'est parmi les vieux diables qu'on trouve les plus fervents ermites.

A la prohibition des liqueurs fermentées, qui a
surtout un caractère hygiénique, on peut ajouter
d'autres défenses du même genre, telles que l'interdiction de manger de la viande de porc, ou même
de la chair d'autres animaux s'ils n'ont pas été tués
suivant les rites, c'est-à-dire en tranchant d'un
même coup, les deux carotides et en prononçant la
formule : « Au nom de Dieu, le clément, le miséri-

cordieux ». En édictant cette double obligation on a voulu, d'une part, que la chair de l'animal fut tout à fait exsangue, le sang se corrompant avec facilité dans les climats chauds, et d'autre part, éviter qu'un musulman pût manger d'un animal offert en sacrifice à quelque fausse divinité.

L'ablution et la lotion, suivant le cas, sont ordonnées en maintes circonstances. Cette excellente habitude hygiénique aurait dû être étendue à toutes choses, au lieu d'être limitée au corps seulement. Mais l'eau est si rare en Arabie qu'on se serait heurté à une impossibilité absolue si l'on avait exigé le lavage fréquent des vêtements et l'on a même été contraint de tolérer l'ablution sèche où l'on remplace l'eau par le sable fin.

Il est à remarquer que le Coran est muet sur la circoncision, pratique que l'on range d'ordinaire parmi les précautions hygiéniques. Pourtant cette coutume, qui nous paraît quelque peu barbare ou sauvage, a été universellement adoptée par les musulmans, au point qu'ils considèrent cette opération chirurgicale comme aussi indispensable à un musulman que l'est le baptême pour un catholique. Il est permis de s'étonner qu'on attache une telle importance à un acte dont le Livre saint n'a pas jugé à propos de faire la moindre mention. Cela tient sans doute à ce que Dieu ne pouvait avouer lui-même qu'il avait commis une légère imprévoyance en façonnant le corps de l'homme.

Une énumération complète de toutes les matières traitées dans le Coran, ne saurait trouver place dans un mince volume comme celui-ci. En épiloguant un peu sur chacun des mots qui y figurent, on arrive sans peine à en déduire une foule de choses aux-quelles on ne songerait sûrement pas à la suite d'une simple lecture. En dépit de leur talent et de leurs efforts, les exégètes les plus autorisés laisseront tou-jours à glaner dans ce champ des déductions. C'est même par là qu'on peut espérer arriver, sans frois-ser la conscience religieuse, à de successives modi-fications dans l'état social ou politique des musul-mans.

Quoi qu'il en soit à cet égard, le Coran est plein de passages où, dans les termes les plus ardents, on invite l'homme à pratiquer la vertu et à fuir le vice. A maintes reprises, on lui prescrit le respect de la famille, le piété filiale, l'amour de son prochain, Sans doute, on entend que tous ces bons sentiments doivent s'adresser à des coreligionnaires, mais, s'il en était autrement, l'islamisme ne serait plus une religion au sens réel du mot.

L'esclavage et la peine du talion sont les deux seuls points sur lesquels il nous est difficile aujour-d'hui de partager les idées des musulmans. Mahomet a bien pu abolir l'usage barbare qu'avaient autrefois les Arabes, d'enterrer vivantes leurs filles dans les années de disette; mais l'abolition de l'esclavage n'eut sûrement pas été acceptée s'il l'avait décrétée;

6

il a donc préféré réglementer cette coutume d'une
façon plus sage qu'elle ne l'était naguère chez les
nations civilisées du monde chrétien. Le talion,
qui, de nos jours, s'appelle vendetta, n'a pas complètement disparu de l'Europe; il y est libre au lieu
d'être réglementé. Il serait peu équitable de repro-
cher au Coran de n'avoir pas fait, il y a treize cents
ans, une réforme que nous n'avons pas encore complètement accomplie.

La partie narrative du Coran consiste en légendes
bibliques plus ou moins écourtées ou défigurées;
elle n'a pas un véritable caractère religieux. Elle est
là surtout, pour bien établir que les obstacles ren-
contrés par Mahomet dans sa prédication, n'infirment en rien la réalité de sa mission prophétique, puisque tous ses prédécesseurs ont été aux
prises avec les mêmes difficultés. Tout en répondant
ainsi aux objections formulées par les juifs et les
chrétiens, ces récits avaient, en outre, l'avantage de
former une sorte de lien qui rattachait la religion
nouvelle à celles du passé.

L'origine divine du Coran lui assure, en toutes
matières, une autorité suprême. Pourtant, il ne
serait pas exact de croire qu'on est en droit de pratiquer tout ce qu'il indique implicitement ou expli-
citement. En dehors des versets abrogés et des
versets douteux qu'il renferme et dont ni la lettre,
ni l'esprit, n'ont à être mis en pratique par le fidèle,
il y a certains points qui ont besoin d'être confirmés

par des hadits avant de servir de préceptes canoniques. Les chapitres qui vont suivre, donneront
de plus amples renseignements sur ce sujet, ainsi
que sur ce qui a été mentionné ici d'une façon fort
sommaire.

V.

LES HADITS

On ne saurait avoir une idée exacte d'une religion si on ne la considère que sous son état actuel, sans remonter à la forme primitive que lui avait imposée son fondateur. Cette recherche est aisée à faire pour l'islamisme, car nous possédons sur les débuts de cette religion, des documents bien précis ayant une réelle valeur historique et non de simples récits d'un caractère plus ou moins légendaire, comme c'est le cas pour la plupart des autres religions révélées ou non.

Grâce à la date relativement récente de l'apostolat de Mahomet et surtout au rôle politique que ce prophète a joué, nous connaissons d'une manière très détaillée, ses moindres faits ou gestes. Nous savons donc comment cet homme extraordinaire, placé au milieu d'un pays à peu près désert, a pu réussir à fonder un nouveau culte et à lui imprimer une telle vigueur, qu'en moins d'un siècle il s'était propagé sur un immense territoire, en renversant tous les

obstacles qu'il rencontrait sur sa route et en jetant
à bas quelques empires dont la puissance semblait
inébranlable.

Les renseignements ou traditions qui concernent
le Prophète portent en arabe le nom de *hadits*, mot
dont la signification étymologique est celle de *nouvelle* ou *récit*. Recueillis de la bouche même de témoins oculaires ou auriculaires, les hadits ont rarement été mis par écrit tout d'abord ; on se contenta
de se les transmettre de vive voix, ce moyen de transmission étant considéré par les Arabes comme préférable à tout autre.

Cette idée peut paraître singulière ; cependant elle
s'explique très bien par le système graphique encore
en usage parmi les Arabes. Au lieu d'écrire tous les
éléments phonétiques des mots, ils se contentent
d'en tracer les consonnes. Le lecteur est donc obligé
de suppléer aux voyelles brèves qui font défaut et,
bien que la grammaire soit là pour fixer les voyelles
d'une façon générale, il arrive souvent qu'un même
groupe puisse se lire avec des voyelles différentes et
provoque des sens qui n'ont aucun rapport entre
eux. Sans doute, un rédacteur habile aurait évité
presque toutes les amphibologies qui peuvent résulter d'un tel système, mais alors il eût été entraîné à
modifier la forme orale primitive qui, elle, ne présentait aucune ambiguïté, puisqu'elle faisait entendre tous les sons sans exception, aussi bien les
voyelles que les consonnes. Et ce premier chan-

6.

gement risquait d'en amener d'autres, tenté qu'aurait été l'écrivain d'arrondir ses périodes ou d'enjo-
liver son style sans avoir un respect suffisant pour
l'exactitude de la pensée.

Les circonstances obligèrent bien vite les musulmans à vaincre la répugnance qu'ils avaient à mettre
par écrit les sources orales de leurs traditions pro-
phétiques. Les fidèles, dont la mémoire avait conservé intacts un ou plusieurs hadits, ne tardèrent
pas à être en nombre insuffisant pour faire part
directement de leur science à leurs coreligionnaires
qui se multipliaient avec rapidité et s'éparpillaient
de tous côtés. En outre, la mort faucha cruellement
dans leurs rangs à cette époque héroïque où l'expansion de l'islamisme était accompagnée de luttes quotidiennes à main armée. Force fut donc de procéder
pour les hadits à une opération analogue à celle
opérée précédemment pour le Coran.

Ce travail a été fait avec le plus grand soin. Aucun
hadits n'a été admis comme authentique à moins que
non seulement son rapporteur pût citer le nom de
celui de qui il le tenait directement, mais aussi le
nom de tous ceux qui, avant lui, se l'étaient transmis oralement en remontant par une série ininterrompue jusqu'à un témoin oculaire ou auriculaire.
Ces témoins, pour être dignes de foi, devaient être
des compagnons du Prophète. Cette suite de repor-
ters successifs d'un hadits forme ce qu'on appelle en
arabe son *isnâd* « appui ». L'isnâd a été lui-même

l'objet d'un contrôle sévère, car on a tenu à s'assurer que, d'après leur âge et les circonstances de leur
vie, tous ces personnages avaient bien été à même
de communiquer entre eux.

Certains tempéraments ont été cependant appor-
tés à ces principes un peu rigoureux. On a accepté
pour authentiques des hadits dont l'isnâd ne réunis-
sait pas toutes les conditions voulues, pourvu qu'on
remontât à un personnage connu dont la véracité
ne présentait pas le moindre doute. En outre, certains rapporteurs n'ayant retenu dans leur mémoire
qu'une partie des faits contenus dans un hadits,
on a néanmoins accepté d'eux ce lambeau de tradition en se réservant, si c'était possible, de le compléter par le récit d'un autre rapporteur. Aussi
trouve-t-on fréquemment dans les recueils de
hadits, le même récit reproduit à plusieurs reprises
soit par fragments, soit encore avec des variantes
légères qui résultent du mode d'information dont
on s'est servi.

En passant de la forme orale à la forme écrite, les
hadits ont, selon toute vraisemblance, été l'objet de
légères retouches. Toutefois, les incorrections qu'on
y a laissé subsister permettent de croire que les
changements n'ont guère porté que sur la substitu-
tion de quelques formes littéraires à des formes par
trop vulgaires admises seulement dans le langage
parlé. On rencontre, en effet, maints passages si
mal rédigés que les avis des commentateurs diffé-

rent du tout au tout sur le sens qu'il convient de leur attribuer.

Ces petites taches n'infirment en aucune façon la valeur générale des hadits au point de vue historique. Les renseignements qu'ils nous fournissent sur les actes les plus intimes de Mahomet sont d'une franchise et d'une crudité telles qu'il est inadmissible qu'ils aient été inventés à plaisir. L'examen critique que les auteurs musulmans ont fait eux-mêmes de ces textes, ne laisse guère à désirer, car ils n'ont jamais manqué de signaler les défauts qu'ils présentent à tous les points de vue. Ils ont éliminé nombre de hadits qu'ils ont regardés comme apocryphes et aujourd'hui on ne fait en général usage que de deux recueils que l'on appelle les deux *sahih* (authentique) qui ont été colligés par Moslim et El-Bokhâri. Ce dernier surtout jouit d'une vogue plus particulière et, dans tout le nord de l'Afrique, les serments solennels se prêtent sur un volume du sahih d'El-Bokhâri.

Tant qu'il était resté à la Mecque, Mahomet avait à coup sûr mené une vie irréprochable ; mais comme à ce moment, il n'était pas constamment en scène devant un public qui observait ses moindres actes, ses ennemis n'hésitaient pas à médire de lui et à laisser planer sur lui toute espèce de soupçons fâcheux. Aussi, dès son arrivée à Médine, pensa-t-il avec raison que le seul moyen de se mettre tout à fait à l'abri de la médisance et de la calomnie, c'était

de ne cacher à personne aucun des détails les plus
intimes de son existence.

Sauf pendant la nuit, Mahomet était accessible à
tous, même dans son appartement où il ne passait
d'ordinaire que de courts instants. Le plus souvent
il était dans la mosquée, entouré d'un groupe de ses
fidèles et donnant audience à quiconque se présentait ; à aucun instant du jour ni de la nuit il n'était
seul. Chacune de ses femmes, chez lesquelles il passait la nuit à tour de rôle, a fourni son contingent de
hadits en racontant tout ce que le Prophète avait pu
dire d'intéressant dans ses causeries nocturnes.
Souvent même ces récits mentionnent certains détails sur l'hygiène du mariage et les mesures de
propreté que doit observer le fidèle dans ses relations conjugales.

Dans une sorte d'antichambre ou de couloir de sa
maison, le Prophète donnait asile à quelques dés-
hérités de la fortune. Plus préoccupés d'assurer
leur salut éternel que d'acquérir les biens de ce
monde, ces hôtes permanents du Prophète ne quit-
taient guère leur gîte que pour se tenir à la mosquée. Témoins oculaires ou auriculaires des inci-
dents même les plus insignifiants, ils ont été les
principaux informateurs de toute la partie des hadits se référant à la conduite privée de Mahomet.
Parmi ces personnages connus sous le nom de « gens
de la banquette », Abou-Horeïra occupe le rang le
plus distingué dans l'esprit des musulmans.

Inspiré par Dieu, Mahomet ne devait faire que des choses permises et accomplir tous ses devoirs d'homme avec la plus entière perfection. D'ailleurs, à diverses reprises, le Coran dit qu'il n'y a pas de meilleur modèle à imiter que l'Envoyé de Dieu. Il y avait du reste un grand avantage pour l'islamisme à ce que tous ses adeptes fussent habitués aux mêmes pratiques domestiques ou sociales ; c'était le moyen de lui donner une cohésion plus grande et d'établir une sorte de lien matériel qui venait renforcer celui que la religion avait précédemment établi. Ces coutumes uniformes dans la vie quotidienne sont partout le signe visible de cette communauté de sentiments qui a nom patriotisme et dont Mahomet tenait à éveiller l'idée dans l'esprit des Arabes, afin de les mettre en état de se régénérer et de se relever de la décadence dans laquelle ils étaient tombés. Et il arriva à ce résultat qu'un musulman, en quelque pays qu'il aille, retrouve chez ses coreligionnaires des habitudes sociales qui lui sont familières tout au moins pour les choses essentielles.

Toute ces pratiques minutieuses, calquées sur celles du Prophète et s'appliquant aux choses les plus variées, nous surprennent un peu ; mais elles avaient déjà fait l'étonnement des contemporains de Mahomet ainsi qu'en fait foi un hadits qui rapporte que les infidèles narguèrent un jour certain musulman en lui disant qu'on enseignait aux musulmans jusqu'à la façon d'aller à la garde-robe. Il est cer-

tain, en effet, que les hadits nous font connaître
comment Mahomet accomplissait les actes les plus
intimes de son existence terrestre et qu'ils entrent
à cet égard dans des détails qui nous paraissent
vraiment bien puérils. Peut-être cependant serons-
nous moins surpris si nous voulons bien nous souvenir que, nous aussi, nous tenons à être au courant
des moindres faits et gestes de nos grands hommes
et que nous nous disputons volontiers la possession
de leurs reliques dont certaines au moins ne méritent guère l'honneur d'être conservées.

Malgré la discrétion accoutumée dont font preuve
les musulmans pour tout ce qui touche à leur gynécée, les femmes du Prophète ont subi, elles aussi,
une constante interview dont les résultats sont insé-
rés tout au long dans les hadits. Nous connaissons
dans tous leurs détails leur conduite vis-à-vis de
l'Envoyé de Dieu ; nous savons comment elles faisaient leur toilette en toute circonstance et il n'est
pas une seule bonne musulmane qui ne cherche à
observer scrupuleusement les usages et la conduite
de ces épouses modèles qui figurent en bonne place
parmi les traditionnistes de la première heure. Aïcha, la femme préférée du Prophète, a contribué
pour une part très importante à renseigner les musulmans sur les faits et gestes de son mari et son autorité en la matière ne le cède en aucune façon à
celle des informateurs du sexe masculin.

Affirmer que les hadits équivalent de tous points à

une morale en actions serait à coup sûr excessif;
cependant, si on laisse de côté certaines parties, entre autres celles relatives aux questions d'hygiène
et de toilette, c'est bien là le rôle qu'on peut assigner
à ces traditions dans l'éducation musulmane. Au
milieu des détails rapportés sur la manière dont le
Prophète pratiquait les rites du nouveau culte, on
voit agir tous les personnages mis en scène y compris Mahomet lui-même, et chacun dans son rôle
donne un exemple de ce qu'il convient de faire ou
de ne pas faire. On y trouve également des maximes,
des conseils et des prescriptions morales qui se présentent sous une forme plus claire et moins abstraite
que dans le Livre sacré.

Du moment que Mahomet était à la fois le chef
spirituel et le chef temporel des musulmans, il va
de soi que les traditions, qui sont le reflet immédiat de sa vie, s'appliquent aux sujets les plus va-
riés. Aussi est-il facile à un musulman instruit, qui
est embarrassé par un cas de conscience quelconque,
de trouver un hadits qui le renseigne sur ce qu'il
doit faire dans la circonstance ou tout au moins qui
lui fournisse la solution d'un cas analogue. Il y
puisera de la même façon tout ce qui lui est nécessaire pour diriger sa conduite en toute occasion,
qu'il s'agisse d'une question politique ou sociale ou
même simplement d'une affaire commerciale, car
s'il y a de nombreux hadits sur la prière, l'ablution.
l'aumône, le pèlerinage, la guerre sainte, le jeûne,

etc., il y en a aussi sur les contrats de toute nature, contrats de mariage, de vente, d'affranchissement, etc...

Les exégètes du Coran ont fait de larges emprunts aux hadits et c'est grâce à eux, surtout, qu'ils ont pu exactement déterminer à quelle catégorie appartenait un verset, s'il était abrogeant, abrogé ou douteux. Les jurisconsultes, eux aussi, ont dû puiser à la même source le jour où ils ont voulu formuler les principes du droit que le Coran ne leur indiquait que par exception ou sous une forme par trop vague. Les espèces assez nombreuses qu'on rencontre au cours des hadits, ont, en outre, contribué à former un premier corps de jurisprudence.

Ainsi, c'est dans les hadits qu'il faut chercher pour dégager le véritable esprit de la foi musulmane aussi bien dans ses théories pures, que dans ses applications pratiques. On accepte, il est vrai, l'idée que Mahomet n'a pas été absolument infaillible ; il a donc pu commettre quelques erreurs, mais on est unanime à croire qu'aucune faute grave ne saurait lui être imputée ; ses rares péchés ont toujours été véniels, et par suite ne sont d'aucune importance.

Les traditions peuvent être divisées en trois groupes principaux : celles dans lesquelles on relate un acte même du Prophète ; celles où l'on rapporte les paroles qu'il a prononcées à l'occasion d'un fait qui

7

lui était étranger, et enfin celles où il n'est question
ni d'un fait, ni d'une parole, mais simplement du
silence que Mahomet a gardé sur un événement ou
sur une question quelconque, ce silence ayant aux
yeux des musulmans la valeur d'une approbation.
Toutes ces traditions d'ailleurs, pourvu qu'elles
aient le caractère de l'authenticité, jouissent d'un
égal crédit au point de vue des conclusions à en tirer. Toutefois on conçoit que, s'il s'agit de procéder
par voie d'analogie, les déductions tirées de la troisième catégorie offrent un champ plus vaste que
celui des deux premières, et prêtent mieux que
les autres à l'introduction dans la loi de dispositions nouvelles.

Contrairement, en effet, à l'opinion qu'on s'est
faite en cette matière, la loi musulmane n'est pas
immuable d'une façon absolue ; elle est susceptible
de se modifier au cours des âges à la condition que
l'on prenne pour la transformer un double point
d'appui : le Coran et les hadits, c'est-à-dire sans
violer une des prescriptions précises qui ont été formulées dans l'un ou l'autre de ces deux documents.
Il semblerait que, précisément à cause de sa forme
plus vague, le Coran, sous ce rapport, fut de beaucoup plus élastique que les hadits. Pourtant, en y
regardant de près, on s'aperçoit qu'il y a, dans ces
deux séries de textes, une part à peu près égale
d'indécision. Car, de même qu'il y a dans le Coran
des versets abrégés ou douteux, il y a aussi des

hadits dont la valeur est très discutable, même
quand ils ont été consignés dans des recueils qualifiés d'authentiques par excellence, tels celui de
El-Bokhâri et celui de Moslim. Dans tous les cas, il
y a dans ces deux sources de quoi puiser largement
quand on voudra légiférer à nouveau, qu'il s'agisse
de réformer d'anciennes dispositions ou d'en élaborer de nouvelles.

Malgré la haute autorité dont ils jouissent, les.
hadits n'ont aucun caractère sacré, c'est-à-dire
qu'aucune des prescriptions qu'ils contiennent n'é-
mane directement de Dieu comme c'est le cas pour
le Coran. C'est Mahomet seul qui agit, parle ou garde
le silence et Mahomet, en dehors de son rôle dans
la révélation du Coran, n'est plus qu'un simple
mortel soumis aux mêmes lois naturelles que ses
semblables. Un hadits met d'ailleurs la chose parfaitement en relief. Il nous rapporte qu'aussitôt
après la mort du Prophète, Omar insista avec son
énergie habituelle pour qu'on ne cachât point aux
musulmans la vérité sur ce triste événement. Certains d'entre eux, en effet, pénétrés qu'ils étaient de
l'idée que le fondateur de la nouvelle religion ne
pouvait être un homme comme eux, exposé aux
règles inflexibles de la nature, se refusaient à croire
qn'il eût subi le sort commun à tous les êtres ter-
restres.

Cette constatation officielle, pour ainsi dire, de la
nature humaine du Prophète n'a nullement affaibli

son prestige aux yeux des fidèles, bien que de son
vivant, Mahomet en se mettant parfois au-dessus de
certains principes qu'il avait lui-même proclamés,
eût semblé revendiquer une place spéciale dans la
série des êtres animés. Il convient toutefois de re-
remarquer que, à part le droit d'avoir un plus grand
nombre de femmes que ses coreligionnaires, il ne
s'attribua guère d'autres privilèges que celui de
pratiquer les exercices de piété avec une ferveur
excessive. Il tenait à faire éclater ainsi la supério-
rité de sa foi, s'astreignant dans ce but à de longs
jeûnes ou à de fréquentes prières et ne voulant être
égalé ou dépassé par personne dans le record de la
piété.

Mahomet blâme vivement tous ceux qui exagè-
rent leurs actes de dévotion ; à maintes reprises il
déclara qu'une religion ne doit imposer à ses adeptes
aucune charge excessive et, en cette matière, il pro-
fessa que le mieux est l'ennemi du bien. En répri-
mant ces excès de zèle, il agit avec sagesse et favo-
risa grandement la propagation de l'islamisme aussi
bien de son temps que dans l'avenir. Peu à la fois,
souvent et bien, telle semble être sa devise en ce
qui touche aux rites de la religion. Il sut ainsi tirer
parti de la puissance d'effet qui s'attache à un acte
répété à de fréquentes reprises et à des moments ré-
guliers. Ses cinq courtes prières que le fidèle doit
répéter chaque jour à heures fixes produisent un
résultat analogue à celui que l'on a voulu obtenir

chez les prêtres chrétiens en leur imposant la lecture quotidienne du bréviaire. Et comme ces exercices de piété n'exigent guère qu'une demi-heure chaque jour, il a été possible de les rendre obligatoires pour l'universalité des fidèles. Exiger davantage, c'était s'exposer à de graves mécomptes.

Le nombre des hadits serait très considérable si on devait accepter les yeux fermés tous les récits qui se sont transmis sous ce nom. Mais la critique musulmane a fait bonne justice de toutes les traditions dont l'authenticité pouvait laisser place au moindre doute. El-Bokhâri, l'auteur le plus estimé en la matière, déclare qu'il n'a pu retenir dans son recueil que 7.275 traditions sur environ 600.000 qui étaient parvenues à sa connaissance Et il faut ajouter que quelques-uns de ces hadits sont répétés à plusieurs endroits différents de l'ouvrage quand ils offraient la moindre variante dans le texte, qu'ils n'avaient pas le même isnâd ou encore qu'ils s'appliquaient à des sujets différents. Toutefois le nombre des hadits acceptés dépasse sensiblement le chiffre indiqué ci-dessus, car il y a des hadits qui figurent dans un recueil alors qu'ils ne sont pas notés dans les autres.

Il va sans dire que les hadits n'ont pas été transmis avec un soin aussi méticuleux que les versets du Coran. En outre, le texte n'en est pas toujours très clair et cela pour deux causes principales : la première, c'est qu'on a reproduit textuellement ou à peu près les paroles rapportées, sans être toujours bien informé des circonstances dans lesquelles elles avaient été dites ; la seconde, c'est que certains mots employés n'ont pas une signification rigoureusement sûre, soit parce qu'ils avaient plusieurs sens différents dans le dialecte du Hedjaz, soit parce que tout en ayant la même prononciation que certains mots du Hedjaz il n'en avaient pas la signification parce qu'ils appartenaient à des dialectes différents.

Assez souvent donc, les commentateurs sont fort embarrassés de préciser la signification du texte d'un hadits et, parmi les diverses explications qu'ils proposent, il est bien malaisé de faire un choix. Ainsi s'expliquent quelques contradictions qui, au premier abord, paraissent singulières dans des ouvrages de ce genre. Le système graphique des Arabes n'est pas tout à fait étranger à ce défaut de clarté, car il permet de donner au groupe de consonnes qui représente un mot des sons différents suivant la façon dont on lui distribue les voyelles complémentaires, en sorte qu'à la lecture il devient impossible, dans certains cas, de préciser sa prononciation et, par suite, sa valeur avec toute la rigueur désirable.

Dans l'éducation musulmane, le hadits joue un rôle plus important pratiquement que le Coran lui-même. En effet, à part quelques lettrés qui, aidés des commentaires, sont en état de comprendre le Livre sacré, la masse de ceux qui n'ont fait en arabe que des études rudimentaires est absolument incapable de saisir le sens de la plupart des versets. Chacun, il est vrai, meuble autant qu'il le peut sa mémoire de sourates plus ou moins nombreuses, mais il n'en comprend pas mieux le texte qu'un catholique, sans instruction classique, ne se rend compte du sens des prières latines qu'on lui a fait apprendre par cœur. Ce n'est donc pas dans de tels documents que l'immense majorité des musulmans trouve les indications qui lui permettent de diriger sa conduite dans les circonstances ordinaires de la vie.

La langue des hadits est bien autrement compréhensible. Chaque fidèle, d'une instruction moyenne, est en état de saisir le sens général de la plupart des hadits et d'y puiser les enseignements dont il tirera profit pour se rapprocher le plus possible de la perfection dans la pratique de ses devoirs religieux. D'ailleurs, pendant certains mois de l'année et en particulier durant le mois de ramadan, il y a, dans presque toutes les mosquées, des personnes de bonne volonté qui font des lectures publiques des recueils d'El-Bokhâri ou de Moslim. Ces lectures édifiantes ont toujours un nombreux auditoire. Elles ont cet avantage d'être intelligibles à tous sans distinction, pourvu qu'elles soient de temps à autre accompagnées de brefs commentaires. Elles fournissent ainsi au fidèle le moyen de fortifier sa foi et lui permettent d'observer d'une manière plus rigoureuse l'exemple que leur a donné le Prophète lui-même. Les auditeurs de ces sortes de cours d'adultes

répandent ensuite parmi leurs coreligionnaires l'instruction religieuse qu'ils ont ainsi reçue et, de proche en proche, tous les membres de la communauté
musulmane sont amenés à une uniformité de pratiques et de coutumes qui maintient entre eux une
cohésion plus forte que celle qu'on obtiendrait par
une simple prédication si ardente et si éloquente
qu'elle fût.

L'ensemble des hadits et des indications qu'ils
fournissent porte en arabe le nom de *Sonna*, mot
qui signifie « voie pratiquée ». Et c'est bien là le rôle
que jouent les traditions dans la vie musulmane, le
Coran restant toujours le seul exposé complet des
théories sur lesquelles est basé l'islamisme tout en-
tier ; aussi est-ce en vertu de cette destination qu'il
est permis à ceux qui rejettent les hadits de se dire
musulmans. Il existe, en effet, un assez grand nombre de musulmans qui se refusent absolument à
admettre la valeur religieuse des hadits ; ils les
considèrent comme apocryphes et n'en veulent tenir
aucun compte. Les Persans composent le groupe
principal de ces dissidents qui sont appelés *Chütes*,
tandis que les croyants à l'authenticité des traditions
sont désignés par le nom de *Sunnites*. D'autres divergences séparent, il est vrai, ces deux catégories
de musulmans, mais c'est bien sur ce point spécial,
en effet, qu'est la caractéristique visible de leur an-
tagonisme.

VI

LA PRIÈRE

La prière est l'une des cinq prescriptions fondamentales de l'islamisme ; cependant elle n'a été instituée que dans le courant de la douzième année de
l'apostolat du Prophète. Celui-ci, selon la tradition,
fut transporté au ciel durant une certaine nuit. Dieu
lui indiqua alors le nombre de prières que tout
musulman aurait le devoir d'accomplir chaque jour.
Ce nombre fut fixé tout d'abord à cinquante. Mais,
comme Mahomet se retirait de l'empyrée, il rencon-
tra Moïse à qui il fit part de la décision divine. Le
chiffre de cinquante parut si excessif à Moïse qu'il
engagea Mahomet à retourner auprès de Dieu et à
lui en demander la réduction. Enfin, après plusieurs
démarches successives, toujours provoquées par
Moïse, Mahomet obtint que le nombre des prières
serait réduit à cinq.

Beaucoup de musulmans se refusent à admettre
que ce voyage au ciel, connu sous le nom d'*ascension nocturne*, ait été effectué en réalité ; ils esti-

7.

ment qu'il s'agit d'une simple vision ou si l'on veut
d'un rêve au cours duquel se serait produit cette
véritable révélation. Quelque opinion que l'on ait à
cet égard, il est certain que Mahomet, en présentant
les choses ainsi, a tenu à affirmer, dans cette circonstance comme dans beaucoup d'autres, qu'il
avait à cœur de diminuer le plus possible le nombre
des obligations imposées aux fidèles pour la pratique de leur religion.

C'est du reste encore sous l'influence de cette
préoccupation que le Prophète précisa le sens de
l'expression vague dont il s'était servi en cette circonstance et qui pouvait laisser croire que la prière
devait être faite cinq fois le jour et cinq fois la nuit.
De cette explication il résulta que les prières canoniques n'ont lieu que cinq fois par vingt-quatre
heures et qu'elles doivent être accomplies le jour
seulement et non pendant la nuit. Il n'est point
interdit cependant au fidèle de se relever la nuit
pour faire des prières, mais ces prières sont surérogatoires.

Chacune des prières canoniques porte le nom du
moment de la journée où elle doit avoir lieu. La
première, dite du *fedjer*, a lieu le matin à l'aube du
jour ; la seconde, celle du *dohor*, se fait un peu après
le passage du soleil au méridien ; la troisième, dite
de l'*asr*, s'accomplit au moment intermédiaire entre
midi et le coucher du soleil, dans les environs de
trois heures et demie de l'après-midi ; la quatrième,

celle du *maghreb*, s'exécute au moment du coucher
du soleil et enfin la cinquième, dite de l'*acha* se
pratique à l'instant où la nuit devient complète.

Avant de procéder à sa prière, le fidèle doit se
mettre en état de pureté. Il arrive à ce résultat à la
suite d'une ablution qui consiste à se laver successivement les deux mains, le visage et les bras jusqu'aux coudes en se servant pour cela d'une eau qui
n'a été souillée par aucune des substances que la
religion musulmane a déclarées impures. Lorsque
l'eau fait défaut il est permis d'employer du sable et
de faire ce qu'on appelle l'ablution sèche, c'est-à-dire
de se frotter toutes les mêmes parties du corps indiquées ci-dessus avec la main préalablement passée
sur du sable fin. La prescription relative à l'ablution
sèche a évidemment pour but d'éviter des cas de dis-
penses inévitables au cas où on n'aurait pas trouvé
d'eau du tout et qu'on n'aurait pas manqué d'invoquer
chaque fois qu'il aurait fallu se déranger un peu pour
en avoir. Puis, peu à peu, de tolérance en tolérance,
l'ablution aurait fini par ne plus être pratiquée.

Aucun endroit n'a été spécialement fixé pour
accomplir les prières canoniques : on les fait là où
l'on se trouve au moment précis que la loi a indiqué. Quand le sol n'est point souillé on s'y agenouille et on s'y prosterne sans le recouvrir de quoi
que ce soit ; dans le cas contraire, il convient de le
nettoyer ou de se placer sur une natte ou un tapis.
En voyage, tous ceux qui le peuvent ne manquent

jamais d'emporter avec eux un petit tapis sur lequel ils font leurs prières et dont le nom arabe, *sedjdjada*, rappelle l'usage auquel il est destiné.

Une seule fois par semaine, le vendredi, on doit autant que possible, faire la prière du dohor en commun. Cet office se pratique alors dans une mosquée lorsqu'il en existe une dans la localité où se trouve le fidèle. A l'occasion des deux grandes fêtes musulmanes, l'une qui a lieu à la fin du ramadan, l'autre qui tombe le dix du dernier mois de l'année, la prière en commun est également prescrite. Et, comme tout le monde tient à y prendre part et que la mosquée n'est presque jamais assez vaste pour contenir la foule des fidèles, la prière se fait alors dans un enclos réservé, appelé *mosalla*, oratoire en plein vent dont le sol a été simplement mis à l'abri de souillures par un mur assez élevé pour qu'il ne puisse être franchi par les animaux.

Dans les villes, l'heure de la prière est annoncée par le muezzin du haut du minaret de la mosquée. Placé sur une galerie circulaire pratiquée au sommet du minaret, le muezzin se place successivement du côté des quatre points cardinaux et, d'une voix retentissante, il proclame le symbole de la foi musulmane et invite ensuite les fidèles à se mettre en prière. Cet appel doit être fait très exactement aux heures prescrites. Aussi pour les deux prières qui ne coïncident pas avec un phénomène naturel, le dohor et l'asr, le muezzin doit-il consulter le cadran

solaire qui est installé dans chaque mosquée. Aujourd'hui cependant ils ont parfois recours à une
pendule, mais ils ont le soin de la régler fréquemment sur leur cadran solaire. Dans la campagne ou
dans les villages, chacun détermine aussi exacte-
tement qu'il le peut les heures du dohor et de l'asr.
Pour cela on observe la longueur et la direction de
l'ombre d'une tige verticale.

La prière musulmane se compose d'un nombre déterminé de *reka* que l'on répète exactement autant
de fois qu'il est nécessaire. Chaque reka consiste en
un certain nombre de formules très simples que l'on
prononce en prenant une série d'attitudes qui sont
elles-mêmes peu compliquées. La loi canonique a
fixé le nombre de reka que le fidèle est tenu de faire
pour chaque prière. Ce nombre est fixé à deux pour
la prière du fedjer; à quatre pour celle du dohor; à
quatre également pour celle de l'asr; à trois pour
celle du maghreb et à quatre pour celle de l'acha.
Voici maintenant en quoi consiste une reka.

Tout d'abord le fidèle se tient debout, les bras le
long du corps et se recueille un instant; ensuite il
élève ses deux mains ouvertes à la hauteur des
oreilles et prononce les mots arabes dont le sens est
« Dieu est grand », formule qui porte en arabe le
nom de *tekbîr*. Aussitôt après avoir prononcé ce
tekbîr, il abaisse ses deux mains à la hauteur de sa
taille, puis, plaçant la main gauche dans la main
droite, il récite le premier chapitre du Coran et si

son instruction religieuse le lui permet, il y ajoute trois ou quatre autres versets ou encore une des courtes sourates du Livre-Saint. Il prononce alors un nouveau tekbîr et s'incline profondément les mains appuyées sur les genoux en ayant soin de tenir ses doigts légèrement écartés les uns des autres. Et, tout en restant dans cette posture, il dit par trois fois la formule dont le sens est : « Gloire à Dieu le Très-haut! Dieu écoute ceux qui le louent. Louange à Dieu! »

Cela fait, le fidèle relève la tête; il prononce de nouveau un tekbîr et ensuite il s'agenouille et se prosterne en touchant le sol de son front et de son nez, les deux mains appuyées sur le sol de chaque côté de la tête. Pendant qu'il est ainsi prosterné il redit trois fois la formule qui signifie : « Gloire à Dieu le Très-Haut! » Après cela il relève la tête et, plaçant ses mains chacune sur un de ses genoux, il prononce un tekbîr. Enfin il se prosterne pour la seconde fois le front et le nez contre terre ; il répète alors les mêmes paroles qu'il a déjà dites pendant la première prosternation et il se relève pour prononcer un dernier tekbîr.

Une reka terminée on procède sans interruption à la reka suivante jusqu'à ce que l'on ait accompli le nombre de reka indiqué pour la prière que l'on fait. Mais une dernière formalité est nécessaire. Pour que le rite soit complet, avant de se relever et après qu'il a prononcé le dernier tekbîr, le fidèle doit rester un instant agenouillé le buste droit et tourner successivement la tête à droite puis à gauche en disant en arabe : « Le salut soit sur toi, ainsi que la miséricorde de Dieu ! » Ce *pax vobiscum* s'appelle la salutation finale et s'adresse, dit-on, aux deux anges qui, suivant la croyance musulmane, ne cessent d'être aux côtés de chaque homme à tous les moments de son existence terrestre, ayant l'un pour mission de noter ses bonnes actions, l'autre d'inscrire ses mauvaises actions.

La prière canonique doit se faire le visage tourné du côté de La Mecque et le point vers lequel le visage est alors dirigé porte le nom arabe de *qibla*. Au début de l'islamisme, ce fut Jérusalem qui servit de qibla, mais un verset du Coran enjoignit aux fidèles de se tourner à l'avenir vers La Mecque.

Dans les villes, on détermine avec beaucoup de soin le point d'orientation de la prière qui, dans les mosquées, est indiqué par le *mihrâb* ou demi-coupole dans laquelle se tient celui qui préside les offices. Ce mihrâb est formé d'ordinaire par un quart de sphère ou un quart d'amande encastré dans la muraille et supporté à l'extérieur par deux colonnes. C'est toujours la partie la plus richement décorée de la mosquée.

Dans la campagne, la qibla est déterminée d'une façon approximative en se guidant sur celle de la mosquée la plus rapprochée. Mais, malgré le texte positif du Coran, il n'a pas été possible d'exiger de

gens peu instruits ou qui sont en voyage une connaissance rigoureuse de la qibla et, pourvu qu'on se
tourne du côté qu'on croit être la qibla, la prière est
toujours valable, même si on s'était en réalité tourné
du côté opposé.

Le fidèle en prière est considéré comme étant en
tête-à-tête avec Dieu. Par suite de cette croyance,
il n'est pas convenable de passer devant celui qui prie
à moins de se tenir à une certaine distance, d'ailleurs peu considérable. Un objet quelconque placé
devant le musulman qui prie est donc nécessaire
pour marquer la limite en deçà de laquelle il est
interdit de passer. Cet objet, appelé *sotra*, qui forme
cette limite de protection est tantôt un mur, tantôt
une pique fichée en terre, des chaussures ou encore
une simple ligne tracée sur le sol. Grâce à cette
croyance, les musulmans en prière dans une mosquée se tiennent en rangées régulières légèrement
espacées les unes des autres, au lieu d'être entassés
pêle-mêle à la façon des moutons ainsi qu'ils le font
quand ils sont réunis ailleurs en grand nombre.

Celui qui fait sa prière seul, à l'endroit où le
hasard l'a conduit, juste à l'heure de la prière canonique, a accompli intégralement son devoir. Cependant, chaque fois qu'on le peut, il est préférable de
se rendre à la mosquée ou, tout au moins, de rechercher la société de ses coreligionnaires pour se livrer
avec eux aux pratiques religieuses quotidiennes. La
prière en commun est sans contredit plus fervente

en apparence que la prière faite isolément, l'émulation jouant ici son rôle comme ailleurs.

Dès qu'on n'est plus seul pour prier, ne fût-on que deux, un des fidèles prend la direction de l'office et remplit la fonction dite d'*imâm*. Ce rôle est dévolu à celui des assistants que l'on juge le plus instruit des pratiques du culte et qui devient en réalité le moniteur de la prière, puisque tous ceux qui sont placés derrière lui doivent imiter scrupuleusement ses reka. Dans les mosquées il y a bien un ou plusieurs imâm attitrés, mais la présence de ces personnages n'est en aucune façon indispensable, le premier venu, qui sait faire la prière, pouvant les remplacer.

En cours de route, il est permis de modifier les heures de certaines prières. On est en droit de retarder le moment où l'on aurait dû faire les prières du dohor, de l'asr, et du maghreb en sorte qu'on peut cumuler deux prières ensemble. Ainsi la prière du dohor se fera à l'heure de l'asr et en même temps que cette dernière prière ; il en sera de même de la prière de maghreb que l'on fera coïncider avec celle de l'acha. En station, cette tolérance n'est plus admise. Il va sans dire que le malade ou l'infirme sont dispensés de toutes les attitudes imposées à l'homme bien portant et qu'ils seraient dans l'impossibilité d'exécuter. On leur demande seulement de les simuler du mieux qu'ils le peuvent.

La prière musulmane est caractérisée, d'une part, par le peu de temps qu'elle exige, et, d'autre part,

par la nature des paroles qui y sont prononcées. On
y loue Dieu, on proclame son unité, on récite quelques versets du livre qu'il a révélé, mais à aucun
moment on ne lui demande rien des biens de ce
monde. On s'adresse à lui pour le prier de vous conduire dans la bonne voie et vous épargner les tenta-
tions ou les embûches du démon. Il y a donc là une
discrétion et une réserve tout à l'honneur des musulmans qui, au moment où ils se mettent en relations avec Dieu, ne songent qu'aux choses spiri-
tuelles et ne font nulle allusion à leurs besoins
temporels, pas même au pain quotidien qui leur fait
défaut si souvent. Sans doute il n'est pas interdit à
un fidèle de solliciter la faveur de Dieu en ce monde
sous une forme matérielle, mais cela se fait à l'aide
d'oraisons spéciales qui n'ont rien de commun avec
les prières canoniques, les seules qui ont un caractère islamique absolument pur.

En somme, y compris la durée de l'ablution, chaque prière canonique n'exige qu'un temps fort
court, dix minutes au grand maximum. Une seule
par jour serait donc un faible stimulant pour la foi ;
mais, renouvelée cinq fois à intervalles à peu près
égaux, elle tient constamment le fidèle en haleine et
produit sur lui un effet aussi puissant que la lecture
d'un bréviaire qui prend trop de temps pour qu'on
puisse la rendre obligatoire pour tous.

Tous les musulmans ne se contentent pas des rites
qui leur ont été prescrits ; quelques-uns, dans le

louable désir de faire mieux, s'imposent des prières
surérogatoires, surtout pendant la nuit. Mahomet
n'a jamais encouragé cette tendance à multiplier les
actes de dévotion, et, de fait, le nombre de ceux
dont la piété est exagérée est demeuré assez restreint. D'ordinaire ces dévots outrés n'agissent ainsi
que pour se faire une réputation de sainteté dont
ils savent tirer ensuite un profit matériel plus ou
moins considérable.

Une coutume qui s'est beaucoup généralisée et qui
se rattache à la prière est la récitation du chapelet.
Le rosaire dont on fait usage est composé de
99 grains que l'on fait passer successivement sous
ses doigts en prononçant pour chaque grain une formule telle que : « Dieu est grand, Dieu est puissant »,
etc. La litanie complète comprend 99 formules
différentes. Ceux qui les savent toutes par cœur les
énoncent l'une après l'autre du commencement à la
fin ; mais ceux qui n'en connaissent qu'un nombre
restreint répètent la série qu'ils savent autant de
fois qu'il est nécessaire pour arriver à l'épuisement
de tous les grains.

Cette récitation était absolument inconnue au début de l'islamisme. Elle a été surtout propagée par
les confréries religieuses qui ont trouvé là un moyen
efficace d'entretenir le zèle de leurs adhérents. Mais,
comme la série complète des litanies était par trop
longue, chaque confrérie a fait choix, pour son usage
particulier, d'un très petit nombre de formules

qu'elle oblige de répéter très souvent. Grâce à la va-
riété des formules que l'on obtient de cette manière, les
affiliés des diverses confréries peuvent se reconnaître sûrement et sans le moindre effort, puisqu'il
suffit pour cela de les entendre débiter leur rosaire.

Les 99 épithètes qui se trouvent dans les litanies
indiquent toutes les qualités de Dieu que l'homme
connaît ; mais, suivant une croyance généralement
répandue, il existe un centième attribut, sorte de
nom ineffable, que personne ne connaît actuellement
sur terre. Celui, dit-on, qui trouverait ce nom serait
capable de faire des choses merveilleuses, car il aurait le pouvoir de dompter les génies et d'en faire de
dociles serviteurs. La légende assure que Salomon
possédait ce secret magique, que le nom ineffable
figurait sur son anneau et que c'est grâce à cela qu'il
put réaliser les choses surnaturelles qu'on lui a at-
tribuées. Tous les chercheurs de trésors, marocains
ou autres, emploient toute leur activité à la recherche
de ce nom qui leur permettrait de jouir des trésors
dont les génies ont la garde.

Nulle part, ni dans le Coran, ni dans la Sonna, il
n'est fait mention de prières à adresser à Mahomet.
Le devoir strict de tout bon musulman consiste donc
à déclarer hautement que Mahomet est l'Envoyé de
Dieu et à accomplir toutes les prescriptions qu'en
cette qualité il a été chargé de transmettre aux
hommes. Cependant, avec le temps, l'idée s'est peu

à peu propagée que le Prophète, qui méritait, à coup
sûr, une grande vénération, était digne d'une sorte
de culte. Depuis longtemps déjà, aux fêtes que l'on
célèbre à l'occasion de la nativité de Mahomet, on
avait coutume de réciter de longs poèmes en l'honneur de l'Envoyé de Dieu, lorsque en 671, le souverain marocain Youcef ben Yaqoub donna à ces fêtes
un telle solennité qu'elles eurent toutes les allures
d'un culte véritable. Bientôt toute l'Afrique mineure
adopte ces usages qui tendent de plus en plus à se
généraliser en dehors de ce cercle relativement restreint.

Cette première dérogation à la religion primitive
en a provoqué une seconde : le culte des saints. Partout les tombeaux des personnages morts en odeur
de sainteté sont devenus le but de pèlerinages an-
nuels. Et, au cours de ces cérémonies, on adresse
aux saints de véritables prières, qui n'ont rien de
commun avec celles qui ont été établies par la loi
canonique en ce sens que le souci des choses tem-
porelles y a une part plus ou moins grande. D'ordinaire on demande au saint de conjurer un fléau qui
menace ou de le faire cesser, s'il s'est déjà produit,
mais bien souvent aussi, il s'agit d'obtenir des choses d'ordre tout à fait privé. Il va sans dire que dans
ces occasions, on ne manque jamais de remettre des
offrandes en argent ou en nature, offrandes que l'on
donne au gardien du tombeau qui est presque toujours un descendant du saint personnage lui-même.

Il existe aussi sous le nom spécial de *hizb* des formules de prières composées par de pieux et illustres
personnages. Ces hizb peuvent se réciter là où l'on
est sans être accompagnés de cérémonies particulières ; ils ont la vertu d'écarter les fléaux ou dangers auxquels on se trouve exposé. Parfois la récitation du hizb est suivie d'un vœu qui consiste à promettre une offrande en argent ou un *ex-voto*, dont tel
ou tel saint doit être le bénéficaire. A peine est-il besoin d'ajouter que tout cela ne fait pas partie de l'islamisme pur, tel qu'il a été prêché par Mahomet.

On sait que la sécheresse est une cause fréquente
de disette en Arabie et dans la plupart des pays islamiques. Il est donc naturel que l'on ait songé à faire
appel à la bienveillance divine, pour qu'une pluie
vivifiante vînt rendre au sol sa fertilité momentanément suspendue. Mahomet a le premier pratiqué
cette prière spéciale et fixé la formule de ces rogations, qui sont partout en usage. Le cérémonial qui
accompagne ces rogations varie légèrement d'un
pays à l'autre, tout en restant le même dans son ensemble. Les fidèles, précédés de drapeaux empruntés à ceux qui, d'ordinaire, ornent le cénotaphe d'un
saint, parcourent les environs de leur résidence et
psalmodient durant de longues heures la prière
rituelle. Parfois, quelques-uns des membres de
cette procession portent leurs vêtements mis à l'envers ou simplement en mettant à droite la partie
qui devrait être à gauche et *vice versâ*. Cette pratique

symbolise la demande que l'on fait de changer l'ordre actuel des choses.

Il existe également une prière spéciale que Mahomet a instituée pour les éclipses de soleil ou de lune. Ces phénomènes, dont la cause toute naturelle échappe aux masses ignorantes, effrayaient les Arabes qui les regardaient comme le présage de grandes calamités. Ils craignaient qu'ils ne fussent l'annonce d'une de ces terribles catastrophes, dont le Coran fait mention et qui amenèrent la destruction des peuples de Ad et de Tsemoud. Médine est d'ailleurs située sur des terrains volcaniques et, du temps du Prophète, on avait conservé dans cette ville le souvenir d'effroyables cataclysmes qui, d'après les faibles indications qui nous sont fournies, devaient présenter la plus grande analogie avec les phénomènes qui ont amené de nos jours la destruction complète de la ville de Saint-Pierre de la Martinique. Aussi, Mahomet lui-même, impressionné par ces souvenirs, éprouvait-il une vive inquiétude lorsque le vent soufflait avec une grande violence. On conçoit sans peine que, dans cet état d'esprit, il ait subi l'affolement général et qu'il ait usé de la prière pour conjurer l'influence réputée néfaste des éclipses.

Au début, la religion musulmane a été surtout prêchée à des populations nomades. A des gens qui se déplaçaient sans cesse, il n'était guère possible d'imposer l'obligation d'aller à des intervalles fréquents prier dans une mosquée. Toutefois, comme certains

rites de l'ancienne religion des Arabes se pratiquaient dans la Kaaba, le grand temple de la Mecque, qui fut plus tard consacré à la religion musulmane, Mahomet, autant pour rester fidèle à une tradition immémoriale que pour assurer aux fidèles un
centre de réunion, s'empressa de faire construire
une mosquée dès qu'il quitta La Mecque, pour se
réfugier à Médine. Cette première mosquée fut amé-
nagée à Qoba, mais le premier monument de ce
genre, fut en réalité la mosquée de Médine qui,
après la Kaaba, est le sanctuaire le plus vénéré des
musulmans.

La mosquée musulmane n'est pas seulement un
temple, c'est en outre une sorte de maison commune.
Chacun y peut venir, aussi bien le jour que la nuit,
pour y faire ses prières ; et il est également permis
de s'y installer pour y causer de choses et d'autres,
y faire la sieste ou encore y coucher la nuit. Dans
certains bourgs elle est même devenue une sorte
d'hôtellerie où les étrangers de passage trouvent un
gîte assuré ; c'est en outre un asile inviolable.

La forme architecturale d'une mosquée n'est sou-
mise à aucune règle précise. En général, cependant,
la mosquée se compose d'une grande salle rectan-
gulaire prenant jour sur une cour qui, elle-même,
sert au besoin d'oratoire les jours de grande affluence. Extérieurement, la décoration est nulle ; on
ne voit guère que des murailles nues percées d'une ou
plusieurs portes et de quelques jours de souffrance,

A l'intérieur, les murs ne sont vraiment ouvragés qu'aux alentours du mihrâb sur lequel se porte tout l'effort artistique de l'architecte. Bien souvent, les colonnes qui supportent les voûtes où les arceaux sont en très beau marbre et les plafonds sont en bois de cèdre sculpté et peint de couleurs brillantes ; des lustres en bois ou en cristal, garnis de lampes, d'ordinaire en forme de veilleuses, jettent une clarté suffisante pour la prière du soir. Aucun être animé ne doit y être représenté, soit en peinture, soit en sculpture. Quant au sol, on le garnit de nattes ou de tapis et, comme les fidèles doivent y poser leur front au cours de la prière, on ôte ses chaussures avant de pénétrer dans le sanctuaire de façon à éviter de le souiller.

A la droite du mihrâb — quand on le regarde en face — se trouve une sorte de chaire appelée *minbar*. Cette chaise, formée d'une plate-forme à laquelle on accède par une série de degrés, disposés en échelle de meunier, sert le vendredi au personnage qui fait le prône dit *Khotba*. Ce prône débute par une prière qui appelle les bénédictions du Ciel sur le chef de l'islamisme. Après cela, le prédicateur ou *Khatib* annonce aux fidèles les événements importants qui touchent à l'islamisme, la proclamation de la guerre sainte par exemple, puis il termine par de courts conseils analogues à ceux de nos sermons. Certains minbar sont de véritables chefs-d'œuvre de bois sculpté.

8

Au milieu de la mosquée se dresse parfois une vaste estrade en bois où se placent les *hazzâb*, c'est-à-dire ceux qui savent par cœur une ou plusieurs *hizb*, nom que l'on donne à chacune des fractions du Coran quand celui-ci a été divisé en 60 parties à peu près égales. Chaque hazzab récitant une section différente du Coran, on peut arriver à obtenir la récitation complète du Livre saint en quelques instants quand tous les hazzab débitent simultanément leur partie et qu'ils sont au nombre de 60. Le plus souvent ils ne sont qu'au nombre de 30 ou de 15, chacun ayant alors à réciter 2 ou 4 hizb.

On a vu que l'appel des fidèles à la prière se fait du haut d'un minaret. Quelques mosquées ont plusieurs minarets, mais le plus souvent elles n'en ont qu'un, placé à l'un des angles de l'édifice et le dominant d'une assez grande hauteur. La forme de cette manière de clocher est ronde, octogonale ou carrée. En général, dans le nord de l'Afrique, la forme carrée indique une mosquée du rite malékite, tandis que la forme octogonale est plutôt celle d'une mosquée du rite hanéfite. Une fontaine pour les ablutions et des latrines sont toujours placées dans le voisinage de la salle de prières.

Il est à peine besoin d'ajouter que la mosquée de la Mecque, la Kaaba, est celle qui est la plus vénérée de tout le monde musulman. C'est d'ailleurs la seule où l'on puisse accomplir les rites du pèlerinage canonique. La mosquée de Médine tient le second

rang dans la vénération des fidèles et elle doit cette
estime particulière à ce double fait qu'elle a été bâtie
par le Prophète et qu'elle lui a servi de lieu de sépulture. La mosquée d'Omar à Jérusalem ne vient qu'en
troisième ligne.

Le mot français mosquée n'est autre chose que
l'altération du mot arabe *mesdjid* prononcé aussi
mesguid qui signifie exactement « le lieu où l'on s'a-
genouille ». Il peut y avoir un nombre plus ou moins
considérable de ces chapelles dans une même ville,
et alors celles qui ont une chaire où se fait le Khotba
prennent le nom de *djâma* et font office de cathé-
drales ou d'églises paroissiales. Dans les grandes villes, les djâma sont toujours insuffisantes pour contenir la totalité des fidèles et c'est pour cela que les
jours des deux grandes fêtes religieuses on les
délaisse pour se réunir dans le mosalla dont il a été
fait mention ci-dessus.

Aucune cérémonie religieuse n'accompagne chez
les musulmans, la naissance d'un enfant ou la célé-
bration d'un mariage. Seules les funérailles donnent
lieu à un office spécial. Cet office d'ailleurs n'a pas
lieu dans la mosquée, mais au cimetière même ou
encore dans un mosalla quand il s'agit d'un très
grand personnage. On considère comme un honneur
le fait de présider aux prières qui précèdent la mise
en terre d'un musulman et les annalistes n'omettent
jamais de citer le nom de cet officiant quand le
défunt est un personnage marquant. N'étaient les

usages profanes, la mosquée serait donc vide la plus
grande partie de la journée et complètement déserte
la nuit.

De tout temps les criminels ont trouvé un asile
inviolable dans les mosquées. Plus tard beaucoup de
mausolées de saints personnages ont joui du même
privilège, mais les historiens citent certains cas où
ces asiles n'ont pas été respectés. Ils ajoutent toujours, il est vrai, que celui qui s'était rendu coupable d'un tel sacrilège n'avait pas tardé à être châtié
de sa témérité soit par une mort subite, soit par tout
autre accident imprévu.

VII

LE JEÛNE

Tandis que la prière s'adresse à l'esprit, le jeûne agit directement sur le corps du fidèle pour lui rappeler ses devoirs envers Dieu. Cette dernière forme matérielle de la religion n'existait pas au début de l'islamisme et ne fut instituée que par imitation des pratiques juives. Ayant remarqué que les Juifs jeûnaient en commémoration du passage de la mer Rouge effectué par Moïse lors de l'exode d'Egypte, Mahomet ordonna tout d'abord de jeûner dorénavant ce seul jour qui tombait le 10 du premier mois de l'année lunaire et qui porte en arabe le nom de *Achoura*. Puis, quelque temps après, il renonça à ce jeûne restreint et il décida que dorénavant les musulmans jeûneraient tout un mois de l'année.

Le jeûne musulman se rapproche du jeûne des Juifs ; il consiste à s'abstenir de manger, de boire, de fumer, d'avoir des rapports sexuels depuis le moment où la clarté du jour prend naissance jusqu'au moment précis où le soleil disparaît le soir à l'ho-

8.

rizon. Il dure tout un mois, le neuvième de l'année
lunaire musulmane et se désigne souvent par le nom
de ramadan qui est celui que porte le mois pendant
lequel il a lieu. Pendant la nuit, le fidèle est libre
d'agir à sa guise, comme il le fait en temps ordinaire
et nulle privation ne lui est imposée. Il est donc
exact de dire que durant ces trente jours, on inter-
vertit uniquement l'ordre habituel des choses en accomplissant pendant la nuit les actes matériels de
la vie qu'on a généralement coutume de faire de
jour.

Hommes et femmes sont astreints à l'observance
du jeûne du ramadan ; les premiers, dès qu'ils sont
pubères ; les secondes aussitôt qu'elles sont nubiles.
Mais, comme les nuits du ramadan sont l'occasion de
fêtes et de réjouissances, les enfants sont très désireux d'y prendre part et, pour cela, loin de chercher
à être dispensés de cette mortification, ils essaient
de frauder pour être admis à jeûner avant l'âge.
Outre les plaisirs sensuels auxquels la qualité de
jeûneurs leur permet de prendre part, ils ont cette
satisfaction morale de ne plus être dorénavant traités en enfants et de devenir *ipso facto* des jeunes
gens. C'est la même vanité enfantine que manifestent
chez nous les premiers communiants, lorsqu'ils portent pour la première fois : les garçons, un costume
vraiment masculin ; les jeunes filles, une robe
longue.

Le malade est tout naturellement dispensé du

jeûne du ramadan, si son état de santé ne lui permet
pas de l'observer. La même tolérance s'applique à
celui qui, quoique bien portant, se trouve en cours
de voyage, à la condition toutefois que sa santé puisse
être compromise par une diète diurne trop rigoureuse. Mais, suivant l'expression arabe, on devient
débiteur du ramadan pour un nombre de jours égal
à celui pendant lequel on n'a pas observé la prescription canonique. Cette dette doit s'acquitter dans
l'intervalle qui sépare le ramadan interrompu du
ramadan suivant. On jeûne autant de jours que l'on
a été empêché de le faire durant la période prescrite,
en choisissant son moment, pourvu, toutefois, que
cela ne tombe pas pendant le temps consacré aux
deux grandes fêtes religieuses musulmanes.

Le relent de la bouche de celui qui jeûne est, assure-t-on, plus agréable à Dieu que l'odeur du parfum le plus suave. Une telle croyance ne pouvait
manquer d'inciter bon nombre de musulmans à ne
pas s'en tenir au jeûne du ramadan. Cette tendance
à faire plus que ce que la religion ordonnait, menaçant de se généraliser et de dépasser toute proportion, Mahomet intervint pour faire cesser des exagé-
rations inutiles et parfois dangereuses pour la santé
des fidèles. Il décida, en conséquence, que nul n'aurait le droit de jeûner en moyenne plus d'un jour
sur deux dans le courant d'une même année. Cependant, dans ces limites, on garde la faculté de faire
des séries aussi longues qu'on le désire, en sorte

qu'il est permis de jeûner six mois entiers, y compris le ramadan.

En dehors de ces deux jeûnes, l'un obligatoire, l'autre facultatif, il existe encore le jeûne pénitentiel prescrit par la loi. Ce dernier jeûne est destiné à expier certaines infractions faites à la loi religieuse ou civile. Il se pratique exactement de la même façon que celui du ramadan, mais sa durée, toujours fort courte, puisqu'elle est d'ordinaire de trois jours, en rend l'accomplissement très peu pénible. On peut d'ailleurs lui substituer une aumône aux pauvres ou la libération d'un esclave, actes qui sont également des moyens de pénitence et d'expiation.

Le Coran a fixé le commencement du jeûne canonique à l'apparition du croissant de la nouvelle lune qui annonce le début du mois de ramadan. Mais il faut que ce croissant ait été vu par deux personnes d'une honorabilité parfaite. Tant que cette formalité n'a pas été remplie, le jeûne n'a aucune valeur canonique. Par temps nuageux ou brumeux, il peut donc arriver qu'on soit en retard d'un jour ou même de deux. Les musulmans n'admettent ni les indications fournies par le calendrier, ni les avertissements transmis par le télégraphe, fussent-ils émanés des deux témoins honorables exigés; ils donnent pour raison de cette interdiction que le mode de détermination fixé par le Coran au verset 181 de la deuxième sourate, ne serait pas alors rigoureusement observé.

La raison qui, pour le jeûne, a fait choisir le mois

de ramadan est indiquée par le Coran lui-même.
Dieu a voulu commémorer ainsi le début de la révélation. C'est, en effet, au cours du neuvième mois de
l'année musulmane que Mahomet connut les premiers versets du Livre Saint, les premiers en date,
bien entendu, non ceux qui se trouvent en tête dans
l'ordre aujourd'hui adopté, car la sourate, dont ils
composent le texte, porte le numéro quatre-vingt-
seize. Elle a pour titre : le sang coagulé. On conçoit
d'après cela que le ramadan doit être plutôt marqué
par des réjouissances que par des mortifications.

En dehors de ce premier honneur qui lui a été fait
d'avoir été choisi pour le début de la révélation de
la religion nouvelle, le ramadan jouit encore d'un
privilège tout particulier qui pourrait, il est vrai, se
confondre avec le précédent. C'est, en effet, durant
la dernière décade de ce mois qu'a lieu la nuit du
Destin. Cette nuit est ainsi appelée parce que c'est
pendant cette courte durée de temps que sont irrévocablement fixés tous les événements qui doivent
se produire jusqu'à la suivante nuit du Destin. La
date de cette nuit n'a jamais été fixée d'une façon
tout à fait précise. L'usage actuel est de la célébrer
la nuit du 26 du mois de ramadan suivant notre
supputative, car, pour les Arabes, la nuit précédant
le jour ils disent : la nuit du 27.

La croyance à la nuit du Destin. qui est conforme
au texte même de la quatre-vingt-dix-septième sourate du Coran, montre que la prédestination n'est

pas aussi rigoureuse qu'on se l'imagine d'ordinaire
puisque, en réalité, rien n'est arrêté d'une manière
définitive, plus d'une année à l'avance. On s'explique
donc sans peine que, tout en croyant à la fatalité
inexorable, les musulmans essaient par des prières
d'obtenir de Dieu des faveurs spéciales ce qui serait
impossible si les choses avaient été réglées de toute
éternité. On trouve également, sous cette croyance
à la nuit du Destin, l'explication de cette résignation
merveilleuse du musulman au moment où le malheur le frappe. Toute plainte ou récrimination
devient alors en effet inutile puisqu'il n'est au pouvoir de personne de modifier la marche des événements au cours de l'année qui commence le 27 du
mois de ramadan,

C'est par une grande fête religieuse que se termine
le ramadan ; cette fête, dite de la rupture du jeûne,
se nomme en Algérie *El-aïd-es-seghir* « la petite
fête », pour la distinguer de la seconde des deux
grandes fêtes musulmanes qui, par opposition, a
nom : *El-aïd-el-kebir* « la grande fête ». La rupture
du jeûne se célèbre tout d'abord par une prière en
commun de tous les fidèles d'une même localité ; chacun ensuite se livre aux divertissements mondains
qui sont d'usage en pareille occurrence ; festins,
spectacles publics, et les plus beaux vêtements sont
naturellement endossés pour la circonstance.

Mais ce qui est plus caractéristique et plus touchant c'est que les riches ce jour-là doivent fournir

aux pauvres les moyens de fêter cette solennité.
Tout musulman dont les ressources sont telles qu'il
est tenu de payer la dîme canonique, doit, à l'occasion de la fête, fournir une aumône particulière en
nature et la répartition de cette aumône aux pauvres
se fait immédiatement, de façon que personne, sans
exception, ne soit privé d'un bon repas et que l'allé-
gresse soit générale. Aucun musulman ne cherche à
se soustraire à l'obligation charitable qui lui in-
combe à cette occasion. D'ordinaire la fête dure trois
jours pleins.

L'institution du jeûne musulman a été assez tar-
dive pour qu'on suppose que Mahomet a hésité
d'abord à la prescrire et ensuite à savoir s'il adopte-
rait le système des Juifs ou celui des Chrétiens. Dans
un pays tel que l'Arabie, où la disette est la règle et
l'abondance l'exception, le jeûne, sous sa forme
chrétienne, était pour ainsi-dire l'état normal. Imposer l'obligation de se priver à des gens qui man-
geaient rarement à leur faim eût été vraiment
excessif, d'autant plus qu'il pouvait arriver que la
période de jeûne coïncidât avec un des rares moments
où l'on avait de quoi se rassasier. Dans ces conditions le jeûne à la façon juive était mieux indiqué.
Mais, afin de se rapprocher autant que possible des
deux religions révélées, Mahomet imagina un système mixte qui consiste à faire durer le jeûne aussi
longtemps que celui des Chrétiens et à lui conserver
la bénignité de celui des Juifs.

Pour celui qui n'est astreint à aucun travail ma-
nuel, le jeûne musulman est fort anodin, mais il n'en
est pas de même pour l'ouvrier, surtout quand le
ramadan a lieu en plein été. La privation de la bois-
son est alors particulièrement pénible pour ces pauvres gens obligés de peiner durant de longs jours.
Néanmoins, il est bien rare qu'un musulman n'observe pas scrupuleusement la pénitence annuelle
qui lui est imposée par sa religion.

Si partielle qu'elle soit, l'abstinence prolongée
durant tout un mois finit par produire une véritable
excitation cérébrale qui entretient ou avive la ferveur religieuse. Elle lui rappelle chaque jour et
d'une façon bien sensible la foi qu'il professe et peut,
au besoin, provoquer une surexcitation passagère
de fanatisme et d'intolérance qu'on attribue d'ordinaire aux seules pieuses lectures qui se font à cette
époque dans les mosquées. Sans doute ces lectures
de hadits ne laissent pas l'auditoire indifférent,
mais il convient de remarquer que cet auditoire est
surtout composé de gens rassis qui songent à leur
propre salut éternel plus qu'à tout autre chose. Partout chacun, en prenant de l'âge, devient plus ou
moins ermite. En se rapprochant du terme fatal, la
crainte de l'au-delà se fait de plus en plus vive et
cette crainte, qui est le plus puissant missionnaire
de toutes les religions, favorise plutôt le retour sur
soi-même que l'expansion au dehors.

VIII

LA DIME

La charité fait partie du groupe des cinq prescriptions fondamentales de l'islamisme. Elle se pratique
soit à l'aide d'un impôt fixé par la loi et qui porte le
nom de dîme, soit au moyen de dons volontaires.
Dans ce dernier cas, elle reste subordonnée à la
générosité du fidèle qui peut, à la rigueur, se dispen-
ser de la mettre en pratique. Mais il est bien rare
qu'un musulman ne se croie pas tenu de faire des
aumônes particulières en dehors du paiement de la
dîme qui lui est imposée en faveur de la communauté musulmane.

La dîme porte en arabe le nom de *zekat*, écrit
fautivement *zekkat*, mot qui signifie « purification ».
C'est une véritable taxe prélevée sur les riches et
dont le montant doit être distribué aux pauvres ou
appliqué à certaines bonnes œuvres. L'établissement de la dîme fut favorable à la propagation de
l'islamisme. D'une part elle incitait les pauvres à
embrasser la nouvelle religion et, d'autre part, elle

9

permettait de réparer dans une certaine mesure,
l'inégale répartition des richesses en ce monde. Il
est bien certain, en effet, que l'une des objections que
l'on peut faire à l'authenticité d'une religion révélée
c'est qu'elle ne réussit pas à concilier l'idée de la
toute puissance divine et de son intervention dans
les choses humaines avec l'injustice, tout au moins
apparente, qui fait que les uns sont comblés de
faveurs, tandis que les autres sont chargés de maux.

Dès le début de l'islamisme, les musulmans, tous
pauvres alors, ne comprenaient guère que des idolâtres, des chrétiens ou des juifs, également mécréants à leurs yeux, pussent être plus favorisés
qu'eux, qui étaient en possession de la vraie foi.
Cependant ils se consolaient sans peine de leur triste
situation en ce monde, en songeant que, seuls, ils
iraient un jour jouir d'un bonheur éternel dans le
Paradis. Les avantages qu'avaient les infidèles durant leur vie terrestre seraient au contraire remplacés bientôt par les tourments éternels de l'Enfer
et ce contraste leur serait doublement pénible.

Mais, bientôt, quand il y eut des musulmans riches à côté de musulmans pauvres, il devint impossible de trouver une raison apparente pour justifier
l'infériorité des uns vis-à-vis des autres, puisque,
riches et pauvres en ce monde, devaient recevoir les
mêmes récompenses ou subir d'égaux châtiments
temporaires dans la vie future. Des récriminations
se seraient vraisemblablement produites si l'on n'a-

vait avisé à les prévenir à l'aide de divers palliatifs.

Le premier, dont il a été déjà parlé ci-dessus, fut la fraternité artificielle. Dans les circonstances difficiles où on était à ce moment, ce système offrait à coup sûr d'immenses avantages. Mais c'était là au fond une sorte de communisme et, à supposer que Mahomet eut un instant songé à adopter cette forme sociale, la pratique ne tarda pas à montrer qu'il y avait de graves inconvénients à introduire une pareille doctrine dans le domaine religieux. Aussi cette fraternité artificielle, qui eût tôt fait de paralyser toute initiative individuelle, n'eut-elle qu'une durée éphémère ; elle ne se renouvela plus jamais.

Le second palliatif avait été la défense de thésauriser. Mahomet avait pensé sinon faire disparaître ainsi tout à fait l'inégalité des conditions, du moins l'atténuer dans la mesure du possible. Cette prohibition ne dura pas longtemps. Elle n'aurait fait pour ainsi dire qu'édicter la misère universelle et elle aurait eu sûrement pour effet de ralentir le zèle de tous ceux qui combattaient pour la nouvelle foi les armes à la main. Quels que fussent le zèle et le dévouement des guerriers musulmans, il est vraisemblable que, même en échange des félicités éternelles, ils n'eussent pas renoncé à leur part de butin sous le prétexte qu'ayant déjà amassé quelques biens, ils allaient devenir des thésauriseurs.

Enfin, ce fut la dîme qui vint apporter la solution définitive. Chacun eut le droit de s'enrichir autant qu'il le pourrait, à la seule condition de payer un impôt qui servirait à venir en aide aux pauvres. Avec cet impôt, nul n'était dorénavant autorisé à se plaindre, ni le pauvre à qui l'on assurait une ressource qui n'avait pas le caractère humiliant de l'aumône directe, ni le riche qui ne faisait, somme toute, que prélever sur ses revenus, une somme modique dont l'emploi utile lui paraissait bien justifié.

L'impôt de la dîme ne pouvait porter que sur le revenu, puisque le Coran avait interdit la thésaurisation ou, en d'autres termes, la création d'un capital immobilisé. Et, comme le prêt à intérêts est interdit par la loi musulmane, il faut entendre par là tout capital qui n'était pas employé directement dans une affaire commerciale, agricole ou industrielle. Or, le capital, qui se trouve ainsi en constante transformation, eût été singulièrement difficile à apprécier. On s'aperçut bientôt que la prohibition du Coran était de nature à tarir dans sa source l'impôt sur le revenu et pour ne pas se mettre en contradiction flagrante avec le Livre Saint, il fut décidé que tout capital accumulé dont le produit serait soumis à la dîme ne serait pas considéré comme constituant le fait de thésaurisation.

On ne figure sur les rôles de la dîme que lorsqu'on possède un revenu annuel déterminé ; si l'on est commerçant, industriel ou agriculteur ; un certain nombre d'animaux si l'on est éleveur. Le revenu minimum imposable est de cinq onces d'argent pour le commerçant et l'industriel; de cinq charges de chameaux de dattes ou de grains pour l'agriculteur. L'éleveur est taxé dès qu'il est propriétaire soit de cinq chameaux, soit de trente bœufs ou buffles, soit encore de quarante moutons ou chèvres. Il est donc imposé sur son capital; mais il faut considérer que ce capital produit en quelque sorte spontanément, par suite du croît annuel, en sorte qu'on peut dire qu'un troupeau de tant de bêtes représente un revenu annuel de tant.

Sans entrer ici dans tous les détails que comporte la matière, il suffira d'ajouter que le taux de la dîme qui est en général de 10 0/0 descend dans certains cas jusqu'à 2,50 0/0. En principe l'impôt zekat est payable en nature. En Algérie cependant, où il a subsisté avec quelques modifications sous le nom d'achour et de zekkat, le paiement se fait en numéraire d'après un tableau de conversion dressé chaque année, mais il est à peine besoin de dire qu'il n'a plus le caractère de taxe en faveur des pauvres que lui avait donné Mahomet.

Des collecteurs attitrés étaient chargés de percevoir la dîme dont la répartition se faisait ensuite de la manière suivante : 2/9 aux indigents; 1/9 aux personnes dans un état de gêne momentané; 1/9 aux collecteurs; 1/9 aux débiteurs honnêtes incapables de faire honneur à leurs engagements; 1/9 devait être employé au rachat des esclaves infirmes; 1/9 à la guerre sainte; 1/9 pour le rapatriement des étran-

gers et enfin 1/9 pour payer les services rendus aux
musulmans par les infidèles. Les indigents, ainsi
qu'on le voit par ces détails, ne reçoivent qu'une
partie du zekat, mais la majeure partie en est bien
affectée à des œuvres charitables ; il n'y a d'exception
en somme que pour les collecteurs, la guerre sainte
et les services rendus par les infidèles, autrement
dit l'espionnage.

Même s'il est réduit à la dernière misère, le membre de la famille du Prophète n'a aucun droit à une
part de la dîme. Cette restriction, à première vue
un peu singulière, est cependant fort explicable et
dans tous les cas elle a été très habile. D'une part,
il eût été fâcheux de laisser croire que le Prophète
ou les siens avaient un intérêt quelconque à l'établissement de l'impôt, et, d'autre part, il était bon
de ne pas admettre qu'à un moment donné les fidèles seraient capables de laisser dans le dénûment
un seul des descendants de Mahomet.

En assurant dans une certaine mesure le sort des
pauvres, la dîme pouvait risquer de devenir une
sorte de prime accordée à la paresse ; jamais ce danger ne s'est produit grâce au faible taux de la rede-
vance et à l'exonération dont jouissent tous ceux qui
n'ont pas le minimum de revenu imposable. Les
ressources qu'on se procurait ne dépassaient donc
pas une somme assez modique et d'ailleurs les indigents n'en recevaient qu'une faible partie.

L'aumône volontaire, dite *sadaqa*, sert bien à

accroître le budget officiel de l'assistance publique musulmane, mais, comme on ne saurait prévoir, même quelques instants à l'avance, les sommes qu'elle pourra procurer, elle ne saurait être escomptée par les pauvres pour leur permettre de vivre dans l'oisiveté. Il n'y avait donc de ce chef aucune crainte à concevoir, quelles que fussent les largesses des musulmans, et Mahomet n'hésita pas à encourager par ses paroles et par son exemple cette forme de la charité privée.

L'insistance que mit le Prophète à prêcher l'aumône volontaire fut telle que, selon un hadits, beaucoup de musulmans, peu fortunés, s'imposèrent de rudes labeurs afin de gagner quelque argent qu'ils allaient aussitôt distribuer à ceux de leurs coreligionnaires qui étaient dans la misère. Et pour que ce beau zèle ne demeurât pas par trop passager, Mahomet prit soin d'annoncer qu'un jour viendrait où les richesses sur terre seraient en telle abondance que personne n'aurait plus besoin d'aumônes. Il fallait se hâter de profiter des mérites qu'assure la charité si l'on voulait gagner les récompenses célestes qui lui sont réservées. Cette surabondance des richesses sera, assure-t-on, un des signes précurseurs de la fin du monde.

Avec le temps, la dîme a perdu un peu de son caractère charitable pour n'être plus qu'un simple impôt ordinaire et, dans certains pays même, elle a été remplacée par une autre forme d'impôt. L'aumône volontaire est, au contraire, restée partout de plus en plus florissante et il convient d'ajouter qu'elle se fait toujours avec la plus grande discrétion et qu'elle ne sert jamais de moyen de propagande religieuse ou politique.

La charité est un sentiment naturel qui se manifeste dès que l'homme vit en société. La religion ne crée donc pas la charité ; son rôle se borne à contribuer à son développement en lui promettant une récompense future en dehors de celle qui résulte de la satisfaction du devoir accompli. Avant Mahomet, la charité en Arabie était déjà en grand honneur. Elle s'exerçait plus spécialement à l'égard des contribuables, mais les étrangers y avaient part aussi, surtout sous la forme de l'hospitalité. Tout arabe qui se présentait devant une tente, à titre d'hôte, était aussitôt accueilli et hébergé durant trois jours sans que pendant ce temps on eût le droit de s'informer directement qui il était, d'où il venait et où il allait. Cette période de trois jours pouvait être dépassée, mais alors le maître de la tente pouvait se renseigner sur son hôte, pour savoir s'il lui convenait de lui continuer sa libéralité. L'islamisme a donc généralisé une coutume ancienne dont elle a fait un devoir pour tous ses adeptes et il a, à cet égard, réalisé un très grand progrès.

Depuis longtemps déjà, la charité musulmane s'exerce encore d'une autre façon. Mûs par le désir de mieux assurer leur salut éternel, quelques musulmans affectent à perpétuité les revenus d'un immeuble à l'entretien de fondations pieuses ou à la construction de monuments publics. Ils font alors ce qu'on appelle *habous* (altération du mot *hobous*) en Afrique Mineure, et *wakf* ou *wakouf* dans les pays d'Orient. Par un acte notarié, le propriétaire d'un immeuble déclare renoncer à tout jamais au droit de disposer de la propriété de son bien et en attribuer les revenus à telle destination qu'il fixe lui-même à sa guise. Souvent c'est à sa seule descendance directe qu'il donne l'usufruit de son bien. Mais il est toujours spécifié que, les dévolutaires venant à disparaître, les revenus du bien seront attribués aux *pauvres* de la Mecque et Médine. En fin de compte, le habous devient donc toujours une œuvre de charité.

Un hadits, d'ailleurs peu explicite, est l'unique base sur laquelle on s'est fondé pour justifier l'institution du habous qui, maintenant, est codifiée dans tous les ouvrages de droit musulman. Cette absence de texte formel permet de croire que Mahomet a hésité, parce qu'il pressentait les inconvénients que pourrait présenter dans l'avenir un trop grand nombre de biens de main-morte.

Certes, les habous ont rendu de grands services aux musulmans ; c'est grâce à eux qu'on a fondé et entretenu des hospices et des universités, qu'on a construit des ponts, etc. Mais les biens, qui avaient fourni tout d'abord les ressources nécessaires, ne tardèrent pas à péricliter entre les mains de leurs

9.

administrateurs qui n'avaient aucun intérêt à en accroître ou même à en maintenir la prospérité. Les fondations pieuses, privées de revenus suffisants, cessèrent bientôt de pouvoir fonctionner utilement.

Pour remédier à cet état de choses, on fit de nouveaux habous et on multiplia ainsi le nombre des propriétés improductives. Le mal devint si grand qu'on décida d'enfreindre le principe de l'inaliénabilité du fonds habousé et de les louer à perpétuité, ce qui n'était qu'une vente déguisée, puisque le taux du loyer était immuable et que le bien restait transmissible par voie de succession à la seule condition que le détenteur payât exactement la rente annuelle fixée. Ce qu'on appelle *enzel*, en Tunisie, n'est autre chose que l'aliénation des biens habous devenus improductifs. Dans cette circonstance, comme en bien d'autres, la loi musulmane a changé, subissant en cela le sort commun qui veut que le temps soit une cause inéluctable de transformation et parfois de progrès.

IX

LE PÈLERINAGE

Il faut entendre ici le pèlerinage à la Mecque qui est la quatrième des prescriptions fondamentales de l'islamisme. Tout musulman doit, une fois en sa vie, se rendre à la Mecque à une certaine époque de l'année pour y accomplir les rites prescrits à cette occasion. Cette obligation, aisée à remplir quand l'islamisme était encore confiné en Arabie, ne tarda guère à devenir de plus en plus difficile à mesure que les musulmans, conquérant le monde, s'éloignèrent de leur capitale religieuse. Aussi tous les docteurs de la loi admettent, — et cela depuis longtemps, — qu'on est dispensé du pèlerinage chaque fois qu'on ne possède pas les ressources nécessaires pour effectuer le voyage, qu'on est dans un état de santé qui ne permet pas de braver les fatigues du trajet ou encore qu'on court danger de mort dans les pays que l'on a à traverser.

Ces restrictions, nées de la force des choses, ont eu cette conséquence singulière de permettre de rester un parfait musulman sans avoir jamais accompli l'une des cinq obligations fondamentales de la religion. En cas d'empêchement, le fidèle a bien, il est vrai, la faculté de confier à un mandataire, le soin de s'acquitter en son lieu et place, du pèlerinage, mais c'est là une dépense que bien peu sont en état de faire surtout s'ils habitent Java ou Tombouctou, car le mandataire doit naturellement être défrayé de toutes ses dépenses. On voit par là que, si le principe de l'obligation n'est pas supprimé, il est, dans tous les cas, fortement ébréché.

Rien n'est plus facile du reste, que de se convaincre du petit nombre relatif de ceux qui accomplissent le pèlerinage. En admettant qu'il y ait environ 50.000.000 d'hommes et de femmes en âge de pratiquer ce rite et qu'on évalue à 20 ans la durée moyenne de chaque génération, il faudrait qu'il y eût chaque année à la Mecque 1.500.000 pèlerins des deux sexes. Or, c'est tout au plus si, aux jours consacrés, on peut compter à la Mecque 100.000 étrangers musulmans et parmi ces fidèles il s'en trouve un certain nombre qui font le pèlerinage pour la seconde et la troisième fois.

On arriverait à un résultat analogue si l'on dénombrait dans chaque localité ceux qui portent le titre de *el haddj* « le pèlerin », titre qu'on ne manque jamais de placer devant son nom, quand on s'est acquitté du pèlerinage. A peine en trouverait-on un sur cent surtout si les femmes étaient comprises dans ce calcul. On pourrait citer beaucoup de personnages religieux de l'Afrique Mineure, qui jouissent d'une grande vénération, bien qu'ils n'aient jamais foulé le sol de l'Arabie et certains sultans du Maroc, d'ailleurs assez valides pour faire la guerre, n'ont pas toujours pris soin de conquérir le titre de el-haddj.

Le pèlerinage à la Mecque est une ancienne coutume antéislamique que Mahomet a conservée en la modifiant très légèrement. Ce fut un moyen de maintenir l'antique suprématie religieuse de la Mecque et en même temps de fournir aux musulmans une occasion de se réunir une fois l'an en nombre considérable et de resserrer ainsi les liens de confraternité religieuse qui les unissaient. Cette sorte de communion à laquelle prennent part riches et pauvres, humbles et puissants, tous vêtus du même costume, exécutant pêle-mêle les mêmes rites, avive d'une façon extraordinaire la foi de tous ceux qui y prennent part. Et, de retour dans ses foyers, le pèlerin répand autour de lui une partie de l'enthousiasme qui l'enflamme. L'état d'âme de cette foule, au milieu de laquelle il a vécu quelques jours, reste vivace chez lui durant de longues années.

Plusieurs siècles avant l'islamisme, la Kaaba, — c'est le nom que porte le temple de la Mecque, — était déjà un lieu vénéré où chacune des tribus arabes avait installé les idoles qu'elle adorait. Tous les ans, à date fixe, on accourait de tous les points de l'Arabie pour rendre un culte à ces divinités. Bien que chacun eut plus de dévotion pour certaines de ces idoles que pour les autres, tous cependant pratiquaient des cérémonies communes et ce sont ces cérémonies là que l'islamisme a conservées, sinon intégralement, du moins dans leur ensemble, comme rites de son pèlerinage.

Tout en rendant hommage à leurs dieux, les idolâtres n'oubliaient pas leurs intérêts matériels ; chaque pèlerin se doublait d'un trafiquant et une grande foire coïncidait avec cette grande manifestation religieuse. Avec l'état de guerre perpétuelle qui régna de tout temps en Arabie beaucoup des tribus auraient été dans l'impossibilité de prendre part à cette manifestation religieuse et commerciale, si l'on ne s'était entendu pour mettre une trêve aux hostilités pendant certains mois de l'année. Ces mois, dits mois sacrés, étaient au nombre de quatre: trois d'entre eux se suivaient dans l'ordre du calendrier ; c'étaient les mois de *dou'lqada*, *dou'lhiddja* et *moharrem* qui représentent aujourd'hui les 11e, 12e et 1er mois de l'année musulmane ; le quatrième mois sacré était *redjeb* qui est le 7e mois de l'année et qui partageait en deux périodes inégales, le temps pendant lequel la trêve cessait de produire ses effets.

Le voyage, aller et retour, exigeait déjà un temps assez long pour bien des tribus et, comme il fallait en outre avoir le loisir de faire ses dévotions et de prendre quelque repos, ce fut pendant les trois mois

sacrés qui se suivaient qu'on fixa l'époque du pèlerinage, en sorte que la fin des fêtes qui tombait le
14 du mois de dou'lhiddja se trouva couper exactement en deux cette période de trêve. On pouvait
donc, avant de repartir, utiliser quelques jours pour
les consacrer à des opérations commerciales et livrer
les denrées que l'on avait apportées contre celles ve-
nues d'ailleurs dont on avait besoin,

Mahomet ne jugea pas utile de changer la date
adoptée par les païens et le Coran a consacré l'existence des mois sacrés. Le principal rite du pèlerinage, celui des sacrifices, est fixé au 10 du mois de
dou'lhiddja. Et, ce jour-là commence, dans tout le
monde musulman, la seconde grande fête religieuse.
celle dite communément de l'Aïd el-Kebir et qui
dure trois jours entiers. C'est une sorte de pâque
musulmane qui est l'occasion de copieux festins et
de grandes réjouissances. Le fidèle ne peut donc pas
ainsi manquer de se souvenir, une fois par an, qu'il
y a un pèlerinage dont la religion lui a fait une obligation.

Suivant la légende, le temple de la Kaaba a été bâti
sur le lieu même où Abraham fut sur le point d'immoler son fils sur l'ordre de l'Eternel. En outre si ce
temple n'est sûrement plus celui que des anges,
dit-on, auraient apporté tel quel du Ciel, la pierre
noire qu'il contient est restée l'objet d'une très
grande vénération parce qu'elle aussi a une origine
céleste. Il était donc permis à Mahomet de rendre

au culte du vrai dieu un édifice qui avait été souillé par la préseuce des idoles, sans que cela soulevât la moindre protestation, pas même celle des habitants de Médine qui, cependant, étaient tout disposés à trouver quelque prétexte pour disputer à la Mecque ses prérogatives religieuses.

Il y avait eu quelque danger à conserver, sans y rien changer, le cérémonial ancien usité par les païens. Beaucoup de nouveaux convertis pensèrent que le sacrifice d'une victime devait, en toute circonstance, être agréable à Dieu, puisque ce genre d'offrande figurait dans le rituel du pèlerinage musulman. La coutume d'attirer sur soi, de cette façon, les bénédictions du Ciel, menaçait de se répandre quand une interdiction formelle vint couper court à cet usage païen. Néanmoins on voit de nos jours, des musulmans qui immolent des animaux sur le tombeau des saints et il est vraisemblable d'admettre qu'ils n'auraient jamais osé agir ainsi, si l'usage du sacrifice n'avait pas été maintenu dans les cérémonies du pèlerinage.

Afin de donner toute sécurité à ceux qui venaient en pèlerinage à la Mecque, une ancienne coutume avait décidé que le territoire de la ville et une certaine zône immédiate qui l'entourait auraient un caractère sacré en ce sens que nul n'aurait le droit d'y livrer combat ou d'y verser le sang de son semblable même pour lui appliquer la peine du talion. Mahomet maintint cette prohibition et dorénavant,

sur tout le territoire sacré, il fut interdit de verser
le sang humain, de tuer ou même d'effaroucher une
pièce de gibier, de couper un arbre ou d'arracher
une plante, à l'exception toutefois de la plante nommée *idzkhir* dont on faisait usage dans certaines
industries.

Malgré cette défense formelle, on sait qu'il y eut
plus tard des combats livrés à la Mecque même. Or,
si ces actes, sacrilèges aux yeux de tous, ont pu se
produire exceptionnellement, il est très probable
que ceux qui en ont été les auteurs se seraient abs-
tenus s'ils n'avaient pu invoquer un précédent en
rappelant que Mahomet lui-même avait enfreint la
défense qu'il avait édictée. Sans doute, ainsi qu'on
l'a dit plus haut, il avait reçu à cet effet une autorisation spéciale de Dieu, mais, bien qu'il eut été nettement déclaré que cette autorisation ne serait
jamais renouvelée, on pouvait arguer d'une sorte de
cas de force majeure.

Dès que le pèlerin est arrivé à la limite du territoire sacré, il annonce à haute voix qu'il va procéder
aux rites consacrés en prononçant ces mots : « Me
voici ! » qui s'adressent à Dieu. Cette première formalité accomplie, il se dépouille de tous ses vêtements ordinaires pour revêtir un costume spécial
uniquement formé de deux pièces d'étoffe neuve
qu'il enroule autour de son corps en laissant à
découvert les jambes, les bras et le haut du buste.
Cet acte accompli, il se trouve dès lors dans l'état

dit d'*ihrâm*, ce qui l'oblige, pendant toute la durée
des cérémonies, à s'abstenir d'un certain nombre de
choses permises en d'autres circonstances.

Il n'est point nécessaire d'entrer ici dans le détail
de tous les rites du pèlerinage ; il suffira de les énu-
mérer. Le pèlerin doit exécuter en procession, sept
fois le tour du temple de la Kaaba, faire une sorte de
course entre les deux collines de Safa et Meroua,
stationner sur le mont Arafat et y procéder à l'égor-
gement d'une victime, lancer un nombre impair de
cailloux dans une direction donnée, baiser la pierre
noire et enfin boire de l'eau du puit de Zemzem.

Toutes ces pratiques très minutieusement réglées,
ne sauraient être expliquées par la nouvelle croyance
islamique, puisqu'elles ne sont qu'une reproduction
fidèle d'une ancienne cérémonie païenne. On peut,
il est vrai, dire par exemple, que les animaux égor-
gés rappellent le sacrifice d'Abraham, que le puits de
Zemzem est, selon la légende, celui auquel Agar alla
puiser de l'eau pour étancher la soif de son fils
Ismaël. Mais tout cela, en somme, prouve simplement que le temple de la Kaaba servait au culte de
chrétiens ou de juifs dont la foi était entachée d'une
forte dose d'idolâtrie.

Quoi qu'il en soit, il n'en reste pas moins singulier
que l'une des cinq prescriptions fondamentales de
l'islamisme ne soit que l'adaptation pure et simple
d'un des principaux rites du paganisme. Cette con-
cession, faite au culte que la religion nouvelle s'é-

tait donné pour mission de détruire à tout jamais,
prouve combien Mahomet dut se montrer conciliant
pour réussir à faire adopter la doctrine qu'il prê-
chait. L'avantage immédiat que l'on retirait de ces
actes de tolérance pouvait, il est vrai, avoir des conséquences fâcheuses dans l'avenir et c'est ainsi que
s'expliquent encore maintes déformations de l'islamisme à travers les âges.

Aujourd'hui, par exemple, nombre de pèlerins
rapportent des flacons remplis de l'eau du puits de
Zemzem et attribuent à cette eau les vertus curati-
ves les plus extraordinaires. De même divers menus
objets achetés à la Mecque sont considérés par les
fidèles comme des objets bénits dont le seul attou-
chement attire des manifestations sensibles de la
bénédiction divine. Ces petits accrocs à la religion
pure, primitive, n'ont sans doute pas une bien
grande importance pour le moment, mais ils ont
une tendance à se multiplier de jour en jour et en
arriveront, peut-être, à provoquer des changements
beaucoup plus considérables.

Quoi qu'il en soit, le pèlerinage à la Mecque a produit les deux effets qu'en attendait le Prophète.
L'islamisme a une capitale religieuse, la Mecque.
Cette ville, vers laquelle chaque musulman doit diriger ses regards cinq fois par jour au moment où il
fait sa prière, est restée la ville sainte par excellence. C'est dans ses murs que se trouve encore un
foyer véritable qui réchauffe la piété attiédie et qui

embrase avec éclat la foi déjà ardente. Chaque année,
à époque fixe, des fidèles, venus de divers points du
globe, n'ayant aucune occasion par ailleurs de se
mettre en rapports les uns avec les autres, vivent
durant quelques jours, d'une vie commune, l'esprit
tourné dans une direction unique. Cette communion
des âmes ainsi renouvelée, est pour l'unité islamique, un lien plus efficace que le pontificat suprême
d'un calife que sa nature humaine sujette à des
défaillances, expose parfois à la critique ou à la
méfiance de ses coreligionnaires.

Toutefois il ne faut pas se dissimuler qu'un jour
viendra où le prestige de la Mecque s'amoindrira.
Le charme idéal que lui prêtait la distance s'éva-
nouira peu à peu, à mesure qu'on aura la facilité
de s'y rendre à moins de frais et sans courir
de dangers. Le jour prochain où la locomotive y
amènera des wagons chargés de pèlerins, la sainteté de la cité sera singulièrement compromise.
Avec l'affluence des visiteurs, le titre de pèlerin
perdra de son prestige et la Mecque finira par ne
plus être qu'une sorte de musée archéologique religieux.

En dehors du pèlerinage obligatoire, il existe un
pèlerinage facultatif qui porte le nom de *omra* ou
« visite pieuse ». L'omra n'est guère pratiquée que
par des fidèles qui n'habitent pas très loin de la
Mecque ou encore par ceux qu'une circonstance
exceptionnelle amène dans cette ville à une épo-

que autre que celle fixée pour le grand pèlerinage. On ne comprend guère, en effet, que celui qui se rend à la Mecque, dans un but de piété, ne choisisse pas le moment où il peut se procurer des mérites plus grands que ceux que confère l'omra, qui d'ailleurs ne dispense pas de l'obligation canonique. La visite pieuse consiste presque uniquement à faire sept fois la tournée processionnelle de la Kaaba. On peut aussi l'exécuter en même temps que le grand pèlerinage.

Celui qui a accompli le pèlerinage obligatoire, prend le titre de *el-haddj,* « le pèlerin », qu'il place devant son nom. Celui qui s'appelait Ali, par exemple, est dorénavant désigné sous le nom de « el-haddj Ali ». Si l'on s'est contenté de pratiquer la visite pieuse ou omra, ou se donne alors le titre de *el-moatamir*, « le pieux visiteur ». Toutefois on ne fait guère usage de ce dernier titre que dans les documents écrits.

Après avoir terminé les cérémonies canoniques de la Mecque, la plupart des pèlerins se rendent à Médine et visitent le tombeau du Prophète. Cet acte de dévotion n'est nullement obligatoire Cependant il est bien rare qu'on se dispense de cet hommage rendu à la mémoire du fondateur de l'islamisme. Cette coutume a sans doute provoqué l'habitude qu'ont prise les musulmans de tous pays, de visiter les tombeaux des saints personnages. Ces visites, qui se font souvent en commun, à des époques déter-

minées, offrent une grande analogie avec les pardons
de Bretagne et sont très communes dans toute l'A-
frique Mineure où elles portent le nom de *zidra* ou
ouaada. Elles n'appartiennent en aucune façon à l'islamisme primitif.

———

X

LA GUERRE SAINTE

La cinquième et dernière des obligations fondamentales que l'islamisme impose à ses adeptes, est
la guerre sainte, dite en arabe *djihâd*. Toutefois, de
même que pour le pèlerinage, il n'est pas rigoureusement nécessaire d'avoir rempli ce devoir pour être
assuré du salut éternel. Il se peut d'abord que les
circonstances soient telles que la guerre sainte n'ait
pas lieu une seule fois durant le cours de l'existence
d'un fidèle. En second lieu, quand le djihâd a un
caractère offensif, il suffit qu'un nombre suffisant de
combattants prennent part à la lutte pour que les
autres soient dispensés de ce service militaire spécial. En revanche, il est vrai, quand la guerre sainte
est défensive, nul n'est exempté d'y prendre part.
Pour exprimer ce caractère particulier du djihâd,
les arabes disent que c'est un *fardh kifâya*, mot-à-
mot « une obligation de suffisance ».

Le djihâd n'a donc pas une existence permanente.
Un prince musulman, qui est lié par traité avec un

état voisin non musulman, — et il n'est autorisé à ce faire qu'autant que ce voisin professe une des religions révélées, — a la faculté de rompre le pacte conclu et de déclarer la guerre, mais il ne fait là qu'un acte politique qui n'a rien de commun avec le djihâd. Mais, qu'il soit vaincu et que son territoire soit envahi, rien ne lui sera plus aisé que de changer le caractère de la lutte si l'ennemi n'est pas musulman, une des fonctions du djihâd étant de défendre l'intégrité du territoire de l'islamisme.

En principe, la guerre sainte avait pour objet de combattre l'idolâtrie partout où on la rencontrait. La lutte contre les idolâtres devait durer jusqu'à leur entière conversion à l'islamisme. Pourtant Mahomet lui-même ne poussa jamais les choses à l'extrême bien que pour lui la guerre contre les idolâtres fût en même temps un moyen de consolider sa puissance politique. Non seulement il signa une trêve avec les Mecquois, mais encore il les admit à combattre dans ses rangs contre d'autres idolâtres. Le Coran n'est pas très explicite sur ce sujet et cela tient à ce que les versets qu'il lui consacre ont été révélés à propos de circonstances particulières.

Les jurisconsultes ont tracé d'une façon assez précise les règles du djihâd et ont formulé à cette occasion quelques principes relatifs au droit des gens. La guerre sainte ne peut commencer qu'après une sommation préalable qui doit être renouvelée à trois jours d'intervalle. Dans cette sommation, on invite l'ennemi à accepter le joug musulman ou à renoncer à ses croyances pour adopter la religion islamique. C'est seulement après le rejet de ces deux alternatives que l'attaque commence. Les armes empoisonnées ainsi que les cruautés inutiles sont formellement interdites. La vie des non combattants : vieillards, femmes et enfants, doit être respectée. Et, chose qui paraît singulière dans une. guerre sainte, il faut aussi épargner les prêtres, moines ou rabbins. Cette exception marque bien que le djihâd a été institué surtout en vue de la lutte engagée contre les Mecquois idolàtres ; c'est seulement par la suite qu'il est devenu un moyen de propagande religieuse.

Les opérations militaires terminées, et s'il n'y a pas eu capitulation, les combattants sont prisonniers de guerre ; quant aux vieillards, aux femmes et aux enfants, ils sont emmenés en captivité et réduits à l'esclavage. Quand la guerre s'est terminée par une capitulation les clauses intervenues entre les belligérants doivent être observées avec la plus scrupuleuse rigueur aussi bien pour ce qui est relatif aux personnes que pour ce qui ne touche qu'aux biens. En aucun cas les musulmans ne sont autorisés à prendre l'initiative d'un arrangement quelconque sauf cependant lorsque l'ennemi s'est converti à l'islamisme, puisque alors la guerre a perdu son caractère exceptionnel pour devenir une lutte entre coreligionnaires.

Aucune réserve n'a été édictée à l'égard des choses. Rien n'empêche de tout saccager ou détruire.
Couper les arbres fruitiers, incendier les moissons
sur pied, démolir les constructions de toute sorte,
ce sont là choses de bonne guerre. Le butin mobi-
lier est mis à part pour être ensuite partagé entre
tous ceux qui ont pris part à l'action : quatre cin-
quièmes sont attribués aux combattants, le cavalier
ayant une part double de celle des fantassins. Le
cinquième, qui reste après ce prélèvement, autrement dit le Quint, devient la propriété du trésor
public et fait ensuite l'objet d'une répartition spéciale. Les indigents, les orphelins, les voyageurs reçoivent chacun un cinquième du quint. Un autre
cinquième est affecté aux travaux d'utilité publique et ce qui reste constitue une dotation en faveur
de la famille du Prophète ou, pour mieux dire, de
ses descendants.

On suit une tout autre règle en ce qui concerne
les immeubles. Le sol conquis est soumis à un régime différent suivant qu'il y a eu ou non capitulation. Dans le premier cas, ainsi qu'il a été dit plus
haut, on observe avec une entière exactitude les
termes de la convention qui a été conclue. Toutefois, même s'ils conservent la propriété complète de
leurs biens immobiliers, les vaincus sont toujours
soumis à un impôt de capitation appelé *djeziya* ; ils
ont en outre à payer un impôt foncier, dit *Kharadj*,
dont le montant doit être au moins égal au double

de la dîme payée par les musulmans. Quant au taux de la capitation, il varie suivant les circonstances, mais une fois fixé, il demeure immuable, que le montant en ait été établi par tête ou par région. Il va sans dire que toute capitulation doit faire mention de ce double impôt.

Lorsque l'ennemi a mis bas les armes sans avoir pu obtenir aucune garantie spéciale, les terres des vaincus deviennent la propriété inaliénable de la communauté musulmane. Il appartient alors au souverain d'en disposer en faveur de qui il lui plaît, mais à titre d'usufruit seulement. Si l'ennemi a abandonné le sol, le concessionnaire qui est dans ce cas un musulman, n'a à payer que la dîme ordinaire. Si, au contraire, le vaincu n'a pas déserté sa propriété, il en reste l'usufruitier et il paie alors un *kharadj* dont le taux est égal ou supérieur au double de la dîme. Cet impôt, une fois établi, pèse dorénavant sur la propriété, même si elle passe aux mains d'un musulman. Les terres soumises à ce régime sont dites « terres de conquête » par opposition aux autres que l'on appelle « terres de capitulation ». Il est à peine besoin d'ajouter que le non-musulman des terres de conquête n'était jamais exempté de la capitation.

Au point de vue religieux — le seul envisagé ici, — toutes ces prescriptions, dont le détail rentre dans l'étude du droit, avaient pour objectif principal d'amener les infidèles à embrasser l'islamisme sans attendre d'y être contraint par la force. Pour eux, en effet, c'était le seul moyen d'échapper à la fois à la capitation et au kharadj, charges humiliantes et onéreuses; les percepteurs de la capitation, en vertu d'une recommandation de la loi, s'ingéniant à traiter avec mépris leurs contribuables, juifs ou chrétiens, que l'on désigne d'ordinaire sous l'appellation commune de *dimmi* ou *zimmi*.

Une fois admis à résider sur le territoire musulman, qu'ils soient chrétiens ou juifs, les tributaires jouissent de certains avantages. On les laisse libres de pratiquer le culte de leur religion, pourvu qu'ils se tiennent pour cela dans leurs demeures ou dans leurs temples ; ils conservent leur statut personnel et toutes leurs affaires criminelles ou civiles auxquelles un musulman n'est pas mêlé, sont jugées par un des leurs qui les représente officiellement auprès des autorités locales. Certains dimmis se sont élevés aux plus hautes dignités dans l'administration musulmane, sans avoir été, pour cela, contraints de renoncer à l'exercice de leur religion. En revanche, dans les émeutes populaires, on en use parfois cruellement avec les dimmis.

Le Coran fait mention, à plusieurs reprises de la guerre sainte, mais, ainsi qu'il a été déjà dit, tous ces passages se rapportent à des expéditions particulières entreprises par le Prophète. Dans ces versets on parle de défendre l'islamisme par les armes et non de prendre l'offensive dans le seul but d'étendre le domaine de la religion. Quelques mots, il est vrai, autorisent à tuer les idolâtres, partout où on les rencontre, mais, si l'on tient compte de ce qui précède ces paroles, il n'est pas possible de trouver là le droit d'attaquer qui que ce soit sans provocation préalable.

D'après la croyance générale, celui qui meurt au cours de la guerre sainte est une sorte de martyr et uue place spéciale lui est réservée dans le Paradis ; ses blessures exhaleront l'odeur du musc, ce qui le fera aisément reconnaître par tous les autres bienheureux. L'appât d'une telle récompense ne pouvait manquer d'exciter la convoitise des fidèles ; aussi, peu à peu, s'habitua-t-on à cette idée que le djihâd qui offrait de si précieux avantages éternels, devait être permis partout et en tout temps.

Durant les premiers siècles de l'islamisme, le djihâd a été un puissant moyen de propager la foi ; il suffirait à lui seul à expliquer la rapidité foudroyante avec laquelle les nouvelles doctrines prêchées par Mahomet, ont pu s'implanter dans la majeure partie civilisée de l'Ancien Continent. Cependant, semble-t-il, la vitalité de l'islamisme n'a plus rien à gagner avec cette institution d'un autre âge devenue de jour en jour plus difficile à pratiquer.

Depuis longtemps déjà le djihâd n'a plus lieu que par intermittences et à des époques longuement espacées. Peut-être, toutefois, serait-il imprudent de s'imaginer qu'il ne viendra plus jamais se reproduire avec sa virulence d'antan, mais il ne pourra plus atteindre au même résultat. Il lui manquera pour cela l'unité de direction qui était assurée alors que le Khalifa était à la fois un chef spirituel et temporel dont l'autorité était universellement reconnue. Il s'est créé maintenant des rivalités d'intérêts qui nuiront toujours à une grande action commune. Le groupe musulman, déjà très fractionné, tend de plus en plus à constituer de véritables nationalités. La religion n'est plus le mobile unique qui unisse les âmes; il y a partout une certaine dose de patriotisme encore à l'état naissant pour ainsi dire et ce sentiment privera de la cohésion nécessaire, tous les projets d'entente entre les musulmans, en vue d'une guerre sainte générale.

De nos jours, la cinquième obligation fondamentale de l'islamisme perd souvent son caractère primitif en ce sens qu'elle s'exerce parfois à l'encontre des musulmans eux-mêmes. Elle sert alors à masquer des ambitions politiques et donne une apparence légale à des luttes fratricides. C'est ainsi, par exemple, qu'en Afrique, les Peuls ont justifié les attaques qu'ils dirigeaient contre les populations noires converties à l'islamisme. Sous le prétexte que certains nègres ne pratiquaient le culte musulman avec toute la rigueur désirable, ils les ont déclarés infidèles, ce qui leur permettait non seulement d'agrandir leurs Etats aux dépens de ces prétendus

mécréants, mais encore de se procurer des esclaves
en dépit de la loi qui interdit de réduire en esclavage un musulman quel qu'il soit.

Cette interprétation nouvelle donnée au djihàd a
pris naissance dans la croyance populaire à l'existence des *mahdi*. On désigne sous ce nom un personnage que Dieu suscite au début de chaque siècle,
pour réprimer les abus et ramener dans la bonne
voie, les fidèles qui s'en sont par trop écartés.

Les hommes sont naturellement pervers et nombre d'entre eux abandonnent les vrais principes de
la foi pour adopter des croyances ou des coutumes
impies. Il est donc nécessaire, de temps à autre, de
les rappeler à leurs vrais devoirs. Cette mission, que
la légende assure être indispensable tous les cent
ans, n'est point confiée à un prophète, puisqu'il ne
s'agit pas de formuler des prescriptions nouvelles,
mais simplement de prêcher aux fidèles le retour aux saines traditions qu'ils ont cessé de mettre en pratique. Un simple mahdi suffit à cette
tâche.

Pour se faire obéir, le mahdi est toujours obligé
de faire usage de la force et c'est *manu militari* qu'il
remplit son office de réformateur. Aussi n'est-il pas
étonnant qu'il invoque le djihàd pour rassembler
autour de lui les contingents armés dont il a besoin.
C'est bien, en effet, une véritable guerre sainte qu'il
s'est conféré le droit de diriger en vertu d'une mission spéciale qu'il a reçue de Dieu ou de Mahomet et

qui d'ordinaire lui est annoncée pendant la nuit au cours d'un songe.

Tous les mahdi se considèrent comme dé vrais khalifes et, à ce titre, ils se croient en droit d'exercer l'autorité suprême aussi bien dans le domaine spirituel que dans le domaine temporel. Les Etats qu'ils ont fondés ont été rarement durables ; cependant il y a eu quelques brillantes exceptions dans l'Afrique Mineure, qui semble avoir été, dès le début, leur patrie d'élection.

En réalité, le but d'un mahdi est de rétablir, à son profit, le Khalifat dans sa forme primitive, et c'est par là que son rôle aurait pu être utile à la communauté musulmane en essayant de lui rendre son unité d'action. Mais le fait qu'un nouveau réformateur peut apparaître cent ans après un autre, détruit toute la valeur de cette innovation introduite dans la religion islamique. D'ailleurs, faute d'être orthodoxe, le madhisme ne sera jamais qu'une cause de troubles passagers.

XI

LES QUATRE RITES ORTHODOXES

Le Coran, ainsi qu'on l'a vu, contient des versets abrogeants, abrogés et douteux dont la distinction n'a pu être établie qu'à la suite d'un travail long, ardu et délicat qui exigeait un examen approfondi, non seulement du texte sacré, mais encore des circonstances à l'occasion desquelles Dieu avait fait connaître sa volonté. La partie même du contexte du Livre saint dont les versets étaient, sans conteste, bien définitifs, n'était pas assez compréhensible pour que chacun pût en déduire des conclusions pratiques pas plus au point de vue dogmatique qu'au point de vue juridique.

Il fallut donc que de savants spécialistes prissent la peine de se livrer à cette tâche délicate entre toutes et dont la nécessité s'imposa bientôt d'une façon urgente, après la mort du dernier des Khalifes orthodoxes. Les Omeyyades, qui avaient en réalité usurpé le pouvoir, avaient une tendance toute naturelle à négliger la partie religieuse de l'œuvre de

Mahomet pour n'en voir que le côté politique. Ils laissèrent de côté le Coran et ne tinrent guère compte des hadits. Seul, Omar ben Abdelaziz se préoccupa un peu tardivement d'encourager la mise par écrit des hadits, mais sans chercher à y puiser tous les enseignements qu'ils contenaient.

L'arrivée au pouvoir des Abbassides remit en honneur la tradition religieuse. On chercha à fixer pour toujours les bases de la loi musulmane, non seulement pour ce qui touchait aux croyances et aux rites du culte, mais aussi pour tout ce qui avait trait au domaine juridique. Le résultat des travaux entrepris dans ce but par des personnages différents qui n'avaient aucun lien direct entre eux, varia quelque peu suivant les idées personnelles de ceux qui s'y livrèrent ou le milieu dans lequel ils avaient vécu.

Quatre docteurs célèbres conquirent les suffrages de la masse, parce que, malgré de légères divergences, ils n'avaient émis que des doctrines purement orthodoxes. Grâce à leurs travaux, on eut dorénavant, avec un texte *ne varietur* du Coran, un ensemble de procédés définitifs qui permettaient de déduire avec certitude tous les éléments éthiques, dogmatiques et juridiques qui étaient en puissance dans le Livre saint et dans la Sonna.

Ces quatre grands exégètes, aussi orthodoxes l'un que l'autre, se distinguent surtout par les principes qui les ont guidés dans leurs recherches. Abou Ha-

nifa, le premier en date, pensa pour ainsi dire que
la lettre tue et que l'esprit vivifie. Il chercha donc à
faire toujours usage de sa raison sans se laisser in-
fluencer par la signification apparente des mots. De
ce fait, sa doctrine offre, sur celle de ses confrères
orthodoxes, l'avantage d'être plus élastique, ce qui
permet, en certains cas, d'arriver à des dispositions
législatives plus libérales.

Malek, né 13 ans après Abou Hanifa, ne fit connaître qu'un peu plus tard le résultat de ses travaux.
Elevé à Médine, la patrie des hadits, il attribua à
cette documentation prophétique, une importance
plus grande que son devancier. En outre, mû sans
doute par une piété plus austère, il ne voulut pas
admettre que la parole de Dieu lui-même ne fût pas
l'expression la plus exacte de la volonté divine. Il se
refusa donc à interpréter le Coran autrement qu'en
prenant pour point de départ le contexte lui-même
dans toute sa rigueur. Sa doctrine se ressentit de
cette tendance qui, cependant, ne se manifesta pas
avec une extrême rigueur.

Ech-Chaféï, venu quelques années plus tard, prit
un moyen terme entre les deux systèmes employés
par ses prédécesseurs. Il se fit cependant remarquer
par l'importance exceptionnelle qu'il donna aux hadits et il passe pour le véritable créateur de la science
dite des *ousoul*, science qui a pour objet de fixer les
règles à l'aide desquelles on déduit du Coran et de
la Sonna les théories générales du droit musulman.

En réalité, il ne fit cependant que systématiser et coordonner, d'une façon en quelque sorte inconsciente, un procédé mis en usage avant lui.

Avec Hanbal, le dernier des quatre grands docteurs orthodoxes, on retomba dans les errements de Malek exagérés avec outrance. Les discussions théologiques, extrêmement vives de son temps, menaçaient de diviser l'islamisme, et il devenait nécessaire de mettre un frein aux passions déchaînées en revenant le plus possible à la foi primitive. Ce mouvement de réaction, dû à une cause en quelque sorte accidentelle, cessa d'avoir bientôt sa raison d'être et la doctrine hanbalite n'eut qu'une vogue très passagère, car le nombre des hanbalites est devenu presque insignifiant. Il faut ajouter qu'ils ont une propension si marquée pour l'anthropomorphisme qu'ils frisent en quelque sorte l'hérésie.

Les quatre doctrines hanéfite, malékite, chaféite et hanbalite ne diffèrent dans la pratique que par des détails insignifiants, soit dans les rites du culte, soit dans les dispositions législatives ; aussi admet-on très bien que, pour une cause quelconque, on adopte même momentanément une autre doctrine que celle dans laquelle on a été élevé. Ce changement se fait d'ailleurs sans la moindre formalité et un malékite, par exemple, qui voudra avantager ses fils au détriment de ses filles dans une constitution de habous, n'a qu'à se présenter devant un cadi hanéfite pour assurer à son acte le caractère hanéfite.

On se sert d'ordinaire du mot rite pour désigner les doctrines orthodoxes formulées par ceux qu'on appelle les quatre grands *imam*. Leurs travaux ayant eu pour objet de dégager les bases de toutes les lois canoniques, civiles et criminelles, on a pu, sans inconvénient, se servir d'une expression qui n'est pas d'une exactitude rigoureuse puisque, en fait, il y a bien une légère différence de rites suivant qu'on appartient à l'un ou à l'autre de ces quatre groupes fondamentaux.

Les quatre imam n'ont pas fait acte de législateurs au sens propre du mot, c'est-à-dire qu'ils n'ont point rédigé un véritable code. Ils se sont efforcés surtout de signaler aux fidèles les moyens d'éviter de se mettre en contradiction avec le Coran et la Sonna, dans tous les actes de leur existence. Ils ont jalonné la route plutôt qu'ils ne l'ont tracée, laissant à leurs disciples le soin de tirer la plupart des applications pratiques qui résultaient des théories générales qu'ils avaient formulées.

Cette réserve est d'ailleurs fort explicable. A aucun moment de son existence, l'islamisme n'a conféré à personne le pouvoir de légiférer. Tant que Mahomet vécut, il fut, cela va sans dire, un législateur souverain inspiré par Dieu lui-même. Les quatre khalifes orthodoxes ont sans doute possédé un pouvoir à peu près égal à celui du Prophète en ce qui touchait à la direction des consciences et à l'administration de la justice ; cependant on s'accorde à n'admettre leurs décisions dogmatiques ou autres qu'autant qu'elles étaient conformes à l'avis des compagnons du Prophète qui furent leurs contemporains. L'usurpation des Oméyyades enleva aux khalifes de cette dynastie l'autorité morale dont jouissaient leurs prédécesseurs, aussi conçoit-on sans peine que les Abbassides, malgré la légitimité à laquelle ils étaient en droit de prétendre, aient accepté la collaboration des quatre imam pour fortifier la valeur de leurs décisions.

Cette combinaison n'était en somme que la continuation du système déjà mis en usage par les khali'es orthodoxes avec cette différence toutefois que les compagnons du Prophète étaient remplacés par de savants exégètes qui ne puisaient leur autorité que dans une étude approfondie du Coran d'abord, des hadits ensuite. Le désir de contribuer à la direction spirituelle et temporelle de la communauté musulmane, explique le nombre considérable des fidèles qui s'adonnèrent à la recherche des hadits et à l'interprétation du Coran.

Du fait de son origine, la législation musulmane conserve, si l'on peut dire, une sorte de parfum religieux qui la fait accepter plus facilement et lui donne plus de force morale ; en revanche elle a perdu la liberté de ses allures dans des questions où la religion n'a rien à voir. En dehors du mélange inévitable qui s'est produit ainsi entre les choses sacrées et les choses profanes, il est arrivé en maintes circonstances qu'un texte coranique ou un hadits a introduit une décision qui est en contradiction flagrante avec la théorie générale telle qu'elle résulte de l'ensemble des sources autorisées. Cette atteinte portée à la logique, est souvent aggravée par les efforts que font les jurisconsultes pour expliquer par de subtils raisonnements une solution tout à fait anormale.

Du moment que personne n'est spécialement désigné pour légiférer, c'est admettre virtuellement que tout le monde peut être apte à le faire quand besoin sera. Telle cependant n'était pas la conception des premiers musulmans à cet égard, et si l'on est resté muet sur ce point, c'est que, aux yeux de tous, la loi entière était contenue dans le Coran et la Sonna, et que chacun n'aurait qu'à y aller chercher, au moment voulu, tout ce qui lui était nécessaire à cet égard. Il ne fallut pas bien longtemps pour s'apercevoir que tout change rapidement en ce monde, et bientôt des faits nouveaux et inattendus se produisirent qui mirent en relief l'insuffisance d'une réglementation définitivement arrêtée et inflexible.

Même avec le procédé de l'analogie, il est souvent malaisé de se prononcer dans certains cas. Ainsi, pour prendre un exemple dans la loi canonique, quelle règle devait-on observer à l'égard du café. Était-ce une des liqueurs prohibées ? Et quand on commença à faire usage du tabac, que devait faire le bon musulman ? Devait-il oui ou non être autorisé à fumer ? Aucun usage analogue ne figurait ni parmi les hadits, ni à plus forte raison dans le Coran. Toutes ces questions qui, chez nous, ressortissent à la médecine, ont été soumises aux jurisconsultes et théologiens musulmans et ont donné lieu à des débats souvent fort passionnés.

En présence de ces cas embarrassants qui furent souvent d'ordre purement juridique, on se vit obligé d'accepter d'autres sources de législation que celles qu'on avait primitivement admises. On ne se contenta plus de la parole divine et de la parole prophétique et on accepta la parole de certains hommes en matière de législation. Tout d'abord ce fut l'*idjmâ*, ensuite vint *le qiyas*.

Sous le nom d'idjmâ on comprend toutes les décisions rendues par les quatre premiers khalifes orthodoxes lorsqu'elles ont été confirmées par les personnages de l'époque qui étaient versés dans la connaissance des hadits soit qu'ils les eussent rapportés eux-mêmes, soit qu'ils les tinssent directement d'un des compagnons du Prophète. Parfois même on se mettait simplement d'accord avec la coutume locale, c'est-à-dire la coutume de Médine. Le but de cette sorte de collaboration était avant tout d'éviter de se mettre en contradiction avec le Coran ou la Sonna.

Avec le qiyâs, l'autorité législative descend pour ainsi dire d'un nouveau degré. Ce système, qui consiste à procéder par analogie, n'a pas besoin d'être

pratiqué par un khalife orthodoxe ; un savant quelconque, à la condition de posséder l'*idjtihâd*, ou, en
d'autres termes, d'être *modjtahid* eut le droit d'en
faire usage pour compléter la législation insuffisante.
Toutefois on est à peu près d'accord pour reconnaî-
tre que dès la fin du IIIe siècle, personne n'a eu le droit
de prétendre à l'idjtihâd ou, suivant l'expression
arabe, que la porte de l'idjtihâd a été fermée dès cette
époque. Le modjtahid est celui qui, dans la science
musulmane, s'est élevé à un degré assez éminent
pour que son autorité en la matière qu'il possède
soit universellement reconnue. On lui concède alors
le droit d'innover et d'être chef d'une nouvelle école,
et c'est ainsi qu'il peut légiférer dans une certaine
mesure.

Malgré l'opinion générale qui voulait que, par
suite de la disparition des modjtahid, le procédé du
qiyâs ne fût plus susceptible d'être appliqué, il a
bien fallu cependant continuer à en faire usage sous
peine d'entraver l'exercice de la justice. On s'est
alors décidé à accepter les décisions prises par les
muftis qui, tout en étant des hommes instruits,
n'étaient pas toujours des savants de premier ordre.
L'autorité de pareils législateurs n'a du reste pas
une valeur égale à celle des modjtahid indiscutés.
La *fetoua*, nom que l'on donne aux décisions de
principe émises par le mufti sur la demande d'un
fidèle, n'engage en réalité que les musulmans placés dans sa circonscription, puisqu'un autre mufti

peut, après examen de la même question, se prononcer dans un sens contraire.

Le pouvoir législatif, amoindri il est vrai, subsiste donc toujours, mais il ne doit s'exercer que sur les bases précédemment édifiées par le Coran, la Sonna, l'idjmâ et le qiyâs des modjtahid, sinon il perd toute sa valeur. Les codes qui ont été rédigés assez tardivement, renferment la trace de l'inconvénient qu'offre le procédé du qiyâs manié par des savants dont l'opinion n'était pas indiscutable. On y rencontre bien des dispositions sur lesquelles il y a divergence ou contradiction et comme les codes ont enregistré ces opinions différentes, il en résulte que le magistrat a la faculté de juger d'après celle de ces opinions qu'il préfère, sans manquer au respect dû à la loi. Dans ces cas, le justiciable a, il est vrai, la ressource de s'adresser à un autre magistrat qui pourra opiner d'une façon diamétralement opposée.

Cette situation, qui permet de renouveler une instance qui semblait close par un arrêt, a encore ce grave inconvénient d'autoriser le justiciable à suspecter la loyauté ou l'intégrité du juge auquel il s'est adressé. Aussi l'histoire enregistre-t-elle de nombreux exemples de personnages intègres et éminents qui ont refusé d'exercer la fonction de cadi ou juge au civil. Ils redoutaient de ternir ainsi leur bonne réputation par des soupçons inévitables et se faisaient un cas de conscience de se prononcer sans être sûrs de bien juger. On cite même des jurisconsultes qui ont préféré être mis en prison plutôt que de rendre, dans ces conditions, la justice à leurs coreligionnaires.

Le recrutement de la magistrature musulmane s'est naturellement ressenti de cet état de choses. Faute d'hommes irréprochables, on s'est adressé à des personnes moins scrupuleuses, et l'on ne doit pas être trop surpris de trouver en tête de certains traités de droit, que sur trois cadis, deux iront sûrement en enfer et qu'il n'est absolument certain que le troisième réussira à échapper au châtiment éternel. Ce dicton, au début, faisait sans doute allusion à l'incapacité plutôt qu'à la malhonnêteté du juge, mais par la suite, il arriva que cette distinction ne fut pas absolument nécessaire.

Mahomet rendait ses décisions seul, sans avoir à prendre l'avis de qui que ce fût. A son exemple, la justice est encore aujourd'hui rendue par un magistrat unique, le cadi ; mais qui, lui, ne juge qu'au civil, la juridiction criminelle étant restée l'apanage du souverain, parce que, théoriquement, il est le successeur du Prophète. Quant aux délits, ils ressortissent bien en principe au chef politique, mais le plus souvent, il en laisse l'examen et le châtiment aux soins d'un fonctionnaire d'ordre administratif qu'il désigne à cet effet.

Cette scission du pouvoir judiciaire a commencé du jour où la communauté musulmane a été assez nombreuse pour qu'une seule personne n'eût plus le temps matériel nécessaire pour rendre la justice à tous. Elle était d'ailleurs fatale. L'exercice de la justice criminelle chez les musulmans, n'exige pas une étude spéciale ; en quelques instants, on peut connaître la série des crimes indiqués dans le Coran, et le châtiment que mérite chacun d'eux. La preuve seule donne lieu à quelques difficultés qu'une dose moyenne de bon sens permet de résoudre. Il n'en va pas de même en matière civile, où les litiges ont des formes très variées et souvent si compliquées qu'une longue étude du droit est indispensable pour leur trouver une solution qui réponde exactement aux intérêts en jeu. Déclarer que nul n'est censé ignorer la loi, ne saurait guère s'appliquer à la juridiction civile, puisque les juges les plus éminents ne sont pas toujours d'accord entre eux dans l'appréciation des faits litigieux.

Le droit de haute et basse justice, qui a été l'apanage de la souveraineté en pays musulman, s'exerce éga.ement par le chef politique, quand il s'agit de manquements graves à la religion. Mais pour les fautes légères, le fidèle les expie de lui-même en s'appliquant volontairement les pénitences édictées par le Coran ou la Sonna. Ce sont là des cas de conscience qui n'intéressent en somme que le coupable, et les inconvénients qui résultent de la faute commise, ne portent à vrai dire aucun préjudice à la communauté musulmane. Celle-ci n'a donc aucune raison d'intervenir par l'intermédiaire d'un de ses représentants.

On comprend, par ce qui précède, que les musulmans, placés sous l'autorité d'une nation européenne, aient accepté sans la moindre difficulté que leurs crimes ou délits fussent jugés selon la loi du vainqueur, l'autorité, à laquelle incombait le soin de réprimer ces fautes, n'étant plus là pour exercer ses prérogatives. Il n'en pouvait être de même en matière civile, puisque rien ne s'opposait à ce qu'on conservât les magistrats chargés précédemment du règlement de ces affaires ; aussi n'est-ce pas sans froisser plus ou moins profondément les vaincus qu'on les a privés en certains cas de leur tribunal accoutumé. En effet, le statut réel lui-même a trop d'attaches avec la loi religieuse, pour qu'un non-musulman n'éprouve pas de difficulté à rendre sa sentence, avec la certitude de ne pas obliger l'une des parties à un acte contraire à sa religion. Quant au statut réel, il fait tellement corps avec la loi religieuse qu'on a renoncé partout à en conférer l'application à tout autre qu'au cadi, le seul qui puisse être compétent en cette matière.

Par une minutieuse révision des codes en usages, il serait sans doute posisble de séparer plus nettement qu'elles ne le sont aujourd'hui, les parties qui n'ont aucune connexion avec la loi religieuse, de celles qui lui sont liées d'une façon quelconque. Mais une refonte complète de ces codes serait de beaucoup préférable, et rien, en principe, ne s'oppose à ce qu'une pareille réforme ait lieu. Depuis Mahomet, la loi musulmane a subi de nombreuses modifications, bien qu'aucun pouvoir législatif régulier n'ait été qualifié pour ce faire. Il a suffi pour cela que l'on ne se mît pas en contradiction flagrante avec le texte du Coran et qu'on pût étayer les dispositions nouvelles de la loi, non pas sur un texte précis, mais sur une simple analogie avec des cas déjà prévus et réglementés. Ce qui a manqué à ce travail accompli lentement à travers les âges, c'est une vue d'ensemble. Au lieu d'élaborer de nouvelles théories générales, on s'est borné à des recherches particulières, qu'on n'a pas songé à réunir par un lien commun.

XII

LA FAMILLE MUSULMANE

La famille est, pour ainsi dire, l'embryon de toute société. C'est là, en effet, que l'enfant apprend quels sont ses droits et ses devoirs vis-à-vis de ses semblables ; toute sa conduite ultérieure se ressentira de cette première éducation qui laissera dans son esprit une trace indélébile. L'âge et les circonstances en modifieront plus ou moins la forme sans, le plus souvent, en altérer la direction générale.

Dans la famille musulmane, l'autorité du père est absolue : femme et enfants lui doivent une soumission complète tant qu'ils ne reçoivent point l'ordre de faire une chose contraire à la religion. Toutefois, l'islamisme a supprimé le droit de vie et de mort que possédait le père de famille arabe durant les temps antéislamiques. Le Coran a formellement interdit l'usage qu'avaient les Arabes de se débarrasser de leurs filles en les enterrant toutes vivantes et si, d'une manière spéciale, il n'a rien dit du fait de vendre des enfants comme esclaves, c'est qu'il avait

suffisàmment condamné cette éventualité en décla·
rant qu'aucun musulman ne pouvait être réduit en
esclavage.

Le droit le plus exorbitant que possède encore le
père de famille, c'est le droit dit de *djebr*. En vertu
de sa puissance paternelle, il lui est permis de
marier ses enfants sans leur avoir au préalable
demandé s'ils y consentaient. Pour les garçons, ils
conquièrent leur indépendance sous ce rapport, dès
qu'ils sont émancipés, soit par formalité spéciale,
soit du fait de leur entière puberté. Quant aux filles,
elles restent soumises à cette contrainte tant qu'elles
n'ont pas été mariées une première fois. Cette préro-
gative attribuée au père, a son correctif dans la facilité avec laquelle les conjoints musulmans peuvent
rompre le lien qui les unit, mais son existence
témoigne du désir que l'on a eu de maintenir toute
la famille dans la dépendance complète du père.

La djebr a eu son importance au point de vue
politique. Grâce à lui, le père a pu contracter alliance avec des tribus voisines dont il avait intérêt à
être l'ami et d'empêcher aussi que, par des mariages d'inclination, ses enfants ne pussent lui créer
de graves embarras avec des voisins ennemis. Et il
convient d'ajouter, pour mieux faire ressortir cette
importance, que le mariage crée chez les musulmans
des droits successoraux et que la femme qui possède
des biens propres, autorise d'ordinaire son mari à
les exploiter.

Non seulement ces questions d'alliances intéressées ont contribué à maintenir partout et toujours le droit de djebr, mais elles sont encore la cause de ces mariages précoces qui nous semblent si singuliers. On ne concevrait pas sans cela que l'on mariât des enfants de sept ou huit ans, alors que la loi n'autorise la consommation du mariage qu'assez longtemps après cet âge et que chacun des jeunes époux reste dans sa famille sans entrer immédiatement en ménage.

L'homme doit pourvoir à l'entretien de sa femme, que celle-ci ait des biens personnels ou n'en ait pas. C'est cette obligation qui lui crée le droit d'exiger, en revanche, une entière soumission de sa femme. Toutefois il ne saurait lui imposer un travail ou une occupation qui ne serait pas en rapport avec sa condition sociale, ni exiger d'elle qu'elle exécute, moyennant salaire, des travaux dont il emploierait le produit soit pour lui-même, soit pour les besoins de la communauté.

Le père est tenu également de nourrir ses enfants jusqu'au jour où ils sont en état de gagner leur vie ; mais, si les enfants ont une fortune personnelle, il lui est permis de prélever sur leurs revenus, la somme nécessaire à leur entretien. Jusqu'à l'âge de sept ans environ, la garde et l'éducation des enfants sont laissées à la femme. Passé cet âge, le garçon cesse d'être sous la tutelle de sa mère, mais le Coran lui ordonne d'être rempli d'égards et de reconnaissance pour elle, et la Sonna dit qu'un enfant aux genoux de sa mère gagne le Paradis.

La famille s'accroît très vite par suite des mariages précoces. Aussitôt devenus pubères, les garçons ne tardent guère à se marier s'ils ne l'ont été déjà en vertu du djebr. Ils fondent ainsi un foyer nouveau qui prend place à côté du foyer paternel. Les ménages issus d'un même père et groupés ensemble, ont formé le premier noyau de la tribu et c'est pour cela qu'elle est désignée sous le nom de *Beni* ou *Oulâd* un tel, c'est-à-dire les fils ou enfants d'un tel. Le chef naturel de la tribu a donc été le père, « le vieux », comme on dit en arabe en se servant du mot *cheikh*.

La vie pastorale, dans un pays où l'herbe est rare, exige de vastes espaces. Aussi les tribus arabes, dès qu'elles sont un peu nombreuses, doivent se diviser en fractions qui s'établissent chacune au point le plus central du territoire qui leur est attribué ; mais, en s'éloignant les unes des autres, ces fractions ne cessent pas d'être désignées sous une même appellation. Si ce ne sont pas les fils des mêmes personnages, ils en sont tout au moins les descendants directs.

Cet essaimage progressif, provenant de souches diverses, a contraint les tribus différentes d'en venir aux mains afin de préserver leurs territoires de l'empiètement du voisin. Et c'est à se disputer de maigres pâturages, que les Arabes ont employé de lon-

gues luttes aussi bien avant l'islamisme qu'après
l'apostolat de Mahomet. La guerre, portée au dehors
par les premiers Khalifes, a calmé momentanément
ces conflits en diminuant la densité de la population dont une grande partie s'établit définitivement
hors de la Péninsule. Quand l'émigration a pris fin,
les choses sont redevenues ce qu'elles étaient auparavant. Ainsi s'applique ce phénomène en apparence
si bizarre, d'un pays aride et désert déversant à l'é-
tranger des flots d'envahisseurs.

La vie pastorale a provoqué dans la famille des
habitudes d'indivision qui se sont propagées dans
la tribu tout entière. Dans un pays où la pluie est
trop rare pour assurer la récolte des plantes culti-
vées et où, pour des raisons faciles à comprendre,
l'industrie ne peut être florissante, la richesse ne
saurait consister qu'en troupeaux. Et pour faire vivre des troupeaux, de grands parcours sont indispensables. Si donc on avait effectué le partage immédiat de chaque succession, il se serait trouvé bien
vite des gens qui seraient morts de faim faute d'avoir
un espace suffisant pour y faire paître leurs animaux
ou, ce qui revient au même, n'auraient pas eu, faute
de pluie, de l'herbe en quantité assez grande pendant
deux ou trois ans alors que leurs voisins, plus favorisés, en auraient eu assez en abondance pour n'avoir
pas pu l'utiliser. Et l'on se demande comment on
aurait effectué le partage en nature des animaux,
quand, par exemple, une famille de six personnes

aurait eu à se répartir 3 chameaux et 20 moutons.

La loi musulmane n'oblige pas les co-propriétaires à rester dans l'indivision pas plus d'ailleurs qu'elle ne les contraint à en sortir ; mais, eût-elle décidé cette dernière prescription, l'usage ne s'en serait pas généralisé, l'intérêt du plus grand nombre étant de rester en communauté de biens. Ce mode de propriété n'est assurément pas indispensable partout ; cependant, même en Algérie, il eût été bon de le conserver provisoirement sur certains points.

Si cette indivision se rencontre très souvent dans les villes, où son existence semble moins justifiée, c'est la loi successorale qui en est la cause. Au lieu d'avoir hiérarchisé les héritiers après les avoir classés en catégories d'après leur degré de parenté, la loi musulmane en a fait deux classes : la première, dont chaque membre a droit à une quote-part fixée par le Coran ; la seconde, qui absorbe tout ce qui reste si le montant des quote-parts n'absorbe pas la totalité ; elle se partage ce reste par parts égales, les femmes ayant toujours, dans l'une ou l'autre classe, la moitié seulement de ce qui revient à un mâle du même degré de parenté.

En appliquant ce système à une famille composée d'un nombre ordinaire de membres, on arrive à obtenir, pour la part de certains héritiers, une fraction si minime qu'elle est représentée dans le partage d'une propriété rurale de grande culture, par quelques ares ou même, quand les héritiers sont un

peu nombreux, par quelques mètres carrés. Devenue divise, cette part serait inexploitable et inex-
ploitée, tandis qu'en restant indivise, elle produira
un revenu qui, si faible qu'il soit, vaudra toujours
mieux que rien.

En dehors de son but pieux ou charitable, dont il
a été parlé ci-dessus à propos de l'aumône, le habous
a été employé par certains pères de famille comme
un moyen d'éviter le morcellement indéfini de la
propriété qui résultait de la loi successorale. Le
constituant laissait alors à ses enfants et à leur descendance tant qu'elle subsisterait, l'usufruit du bien
devenu habous. De cette façon, le partage effectif n'é-
tait possible à aucun moment ce qui était un avantage très appréciable pour les héritiers directs ;
mais ce système, en revanche, frustrait les ascen-
dants, les collatéraux, sans compter la femme du
défunt. Il est vrai que cette dernière avait, de par la
loi, le droit d'exiger de ses enfants qu'ils pourvussent
à son entretien.

Dans la famille arabe primitive, le rôle de l'homme
consistait surtout à s'occuper du troupeau et à se
défendre, ainsi que tous les siens, contre les attaques
des voisins. Il allait en outre chercher au loin les
objets dont il avait besoin et profitait de ces voyages
pour se livrer à de petites opérations commerciales.
De temps à autre, quand la monotonie de son existence lui pesait pas trop, il allait à la maraude avec
quelques amis et, la lance au poing, il essayait de

s'enrichir aux dépens du voisin si celui-ci ne faisait pas bonne garde ou que la vaillance de cet adversaire fût moindre que la sienne.

Ces pillages à main armée ne profitaient guère à leurs auteurs. Le voisin dépossédé ne tardait guère à réunir lui aussi quelques bons compagnons et venait essayer de reprendre le bien qui lui avait été ravi. Tant qu'il n'y avait pas mort d'homme, le conflit n'avait aucune gravité. Mais quand un des pillards avait succombé, la tribu, à laquelle il appartenait, était tenue, de par la coutume, de venger sa mort. C'était alors une véritable guerre qui s'engageait, car il était bien rare que le nombre des victimes de part et d'autre fût toujours égal. Le seul moyen souvent d'arrêter les hostilités, était un arrangement dans lequel le parti qui avait perdu le plus d'hommes acceptait le prix du sang pour sa part supplémentaire de victimes.

La loi musulmane a consacré ce mode d'expiation pour le meurtre et même pour une simple blessure. Quand le coupable mourait de sa belle mort avant que l'affaire n'eût été réglée, tous les siens, sans exception, si éloigné que fût leur degré de parenté, étaient responsables au même titre, c'est-à-dire qu'ils devaient ou payer de leur vie le meurtre accompli par leur parent ou acquitter le prix du sang si les parents de la victime acceptaient cette satisfaction. Cette responsabilité s'appliquant aux membres de la famille d'un coupable, montre la force du lien qui les unissait entre eux.

L'élément féminin n'occupe que le second plan dans la famille musulmane. Néanmoins, outre l'empire qu'elle peut exercer de sa personne sur son mari, la femme arabe, ayant le privilège d'élever ses enfants jusqu'à l'âge de sept ans, se trouve, par ce fait, avoir un puissant moyen d'action sur l'esprit de ses coreligionnaires. Arrivée à un âge avancé, si elle a conservé toute sa lucidité, elle devient parfois un véritable oracle pour tous les siens et rien d'important ne se fait sans qu'on la consulte. Voici du reste, dans un chapitre spécial, quelle est dans ses grandes lignes, la condition de la femme musulmane.

XIII

LA FEMME MUSULMANE

En tous pays, la loi, de concert avec la religion, s'accorde à donner à l'homme plus de droit qu'à la femme. L'institution du mariage, en particulier, cesserait bientôt d'exister si l'un des conjoints n'avait la suprématie sur l'autre et, comme le mariage est resté partout la base fondamentale de la société, il semble difficile d'arriver à l'égalité absolue des deux sexes. Le Coran et la Sonna, qui se sont occupés avec de grands détails, du sort de la femme, déclarent très nettement qu'elle est inférieure à l'homme, d'où sa dépendance nécessaire vis-à-vis de lui.

Tenant compte aussi des phénomènes normaux de la nature humaine, le Coran a autorisé la polygamie en limitant toutefois le nombre maximum des femmes qu'un homme peut avoir à la fois, au chiffre de quatre. Cette tolérance a d'ailleurs un correctif : le mari doit à chacune de ces femmes, un appartement séparé et des attentions égales. Or, la loi exigeant que le mari constitue un douaire à sa femme

et subvienne de ses propres deniers à tout son entretien, la polygamie est un luxe réservé seulement à
quelques privilégiés de la fortune.

En échange de sa servitude au cours du mariage,
la femme reçoit deux compensations matérielles :
elle n'a à supporter aucun des frais du ménage et en
second lieu, son douaire et les autres biens qu'elle a
pu acquérir par son travail ou par voie de succession,
demeurent sa propriété personnelle dont elle dis-
pose librement sans qu'aucune autorisation maritale
ou autre lui soit nécessaire. La seule restriction ap-
portée à cette liberté, est qu'elle ne peut disposer à
titre gratuit de plus du tiers de son avoir, parce que,
les époux héritant l'un de l'autre, elle serait à même
ainsi de frustrer un héritier.

Cette séparation de biens est si nette qu'une femme
riche n'est pas tenue de prélever sur ses biens de
quoi subvenir à la subsistance de son mari, quand
celui-ci est condamné à la prison ; car, on sait que,
en pays musulman, on n'a pas cru devoir imposer
au contribuable la charge de nourrir les criminels.
En revanche, le mari doit assurer, en toutes circonstances, l'existence matérielle de sa femme, en sorte
que, si celle-ci est condamnée à la prison, c'est à lui
qu'incombera le soin de la nourrir.

Quand on se reporte à l'époque antérieure, on voit
que l'islamisme a singulièrement amélioré la condition de la femme arabe. Au lieu de n'être qu'une
chose, une sorte d'esclave si l'on veut, elle est deve-

nue maintenant une personne libre jouissant d'assez
de droits pour, au besoin, acquérir une complète indépendance. Tant qu'elle n'est pas mariée, elle est
mineure, il est vrai ; mais il est excessivement rare
qu'elle reste célibataire et, dès qu'elle est mariée,
elle acquiert les moyens de s'affranchir de ses servi-
tudes. Si son conjoint lui déplaît ou la maltraite, il
lui est aisé de demander et d'obtenir le divorce. Elle
conquiert alors toute sa liberté.

La vie cloîtrée que mène la femme dans les villes,
l'empêche parfois d'obtenir justice et l'oblige à supporter bien des vexations. Mais, outre que ces cas
sont assez rares, elle n'a pas, comme les femmes des
ouvriers, en Europe, à souffrir de l'ivresse de son
mari ou du souci de gagner son pain quotidien.
L'alphonsisme n'est pas non plus un fléau qui se
produit en pays musulman ; on n'y connaît point le
coureur de dot, pas plus que celui qui se fait entretenir par une femme d'une façon plus éhontée.

La femme peut sans doute être répudiée par son
mari sans que celui-ci ait à invoquer aucun motif
autre que son désir de rompre les liens qu'il avait
contractés. Mais, à défaut de la loi, l'usage a trouvé
un moyen de modérer ces caprices. Il est bien rare
aujourd'hui que le mari verse de suite le montant
du douaire qu'il assigne à sa femme. Il en fait généralement deux parts égales : l'une, qu'il remet au
moment du contrat ; l'autre, qu'il s'engage à payer
à une époque ultérieure. La répudiation l'obligeant

à s'acquitter immédiatement de cette seconde moitié du douaire, il hésite beaucoup à la prononcer, crainte d'avoir à délier les cordons de sa bourse.

Aussitôt qu'elle est nubile, la femme ne peut plus se montrer le visage découvert, à d'autres hommes qu'à ses parents et encore faut-il que ceux-ci soient d'un degré assez rapproché pour que la loi lui interdise de les épouser. Cette prescription, faite en vue d'éviter les excès de coquetterie, a eu cette fâcheuse conséquence de séparer complètement la société des hommes de celle des femmes, en sorte que la famille elle-même a formé à son tour deux groupes distincts, vivant sous le même toit, en voisins qui s'entendent, plutôt qu'en parents étroitement unis.

A la campagne et sous la tente, l'isolement des deux groupes est nécessairement moindre et les femmes jouissent d'une plus grande liberté d'aller et de venir, sans avoir le visage recouvert d'un voile. Cependant là aussi, les repas ne se prennent pas en commun et l'invité du mari ne voit pas plus la compagne de son hôte que le mari ne voit les invitées de sa femme. Le même isolement se reproduit dans les fêtes d'un caractère familial, à l'occasion de la naissance d'un enfant, d'un mariage, etc., et ce dualisme de la famille et de la société musulmanes n'a nullement contribué à rendre les mœurs plus pures, bien que ce fût le seul résultat auquel il eût quelques chances d'aboutir.

En somme le mariage musulman mérite presque

les trois épithètes de gratuit, laïque et obligatoire.
En effet, le douaire peut descendre jusqu'à trois
dirhems et les frais de contrat, si l'on en fait un, sont
tout à fait infimes. Aucune cérémonie religieuse n'y
intervient à un moment quelconque et si l'obligation
n'est pas inscrite dans la loi, le mariage est si vivement recommandé par le Coran qu'en fait personne,
ou à peu près, ne manque de se marier une fois en
sa vie, quand aucune raison physique ne s'y oppose.

En principe, la femme est dans l'obligation de remplir tous les devoirs religieux imposés au musulman : prière, jeûne, aumône, pélerinage et guerre
sainte. Il est bien évident cependant qu'on ne l'astreint pas à prendre les armes pour faire la guerre
sainte ; mais elle doit contribuer à la défense de la
foi en consacrant une partie de ses biens à nourrir
les combattants ou à leur procurer des armes. Elle
peut en outre se rendre utile, au moment même du
combat, en soignant les blessés, en apportant des
armes et en excitant, par ses discours, ceux qui sont
aux prises avec l'ennemi. Elle est, sous ce rapport,
dans la même situation que l'enfant, le vieillard ou
l'infirme.

On ne saurait donc dire qu'au point de vue religieux, la femme ne soit l'égale de l'homme, et pourtant la description des joies paradisiaques ne semble guère être applicable aux femmes, à moins
qu'elles n'y soient représentées par les houris. Il y a

là un point un peu obscur dans l'exposé de la religion musulmane ; mais les faits permettent de dissi-
per cette obscurité. On sait, en effet, que les femmes
du Prophète, entre autres, pratiquaient rigoureusement tous les rites de l'islamisme ; elles ne pouvaient
donc raisonnablement y être astreintes, si elles n'a-
vaient eu la certitude d'obtenir dans l'autre monde
les mêmes récompenses que les hommes.

Plus tard, il est vrai, les femmes cessèrent peu à
peu d'assister aux offices publics. Leur présence à la
mosquée pouvait troubler le recueillement des fidèles. Le voile dont elles devaient toujours couvrir
leur visage, n'aurait pas suffi à dissimuler leur personnalité, et celles dont la réputation de beauté était
connue de tous, auraient attiré les regards des assistants qui auraient espéré entrevoir leurs traits à la
faveur d'un léger désordre de la toilette, pendant certains mouvements de la prière.

C'est une simple mesure d'ordre qui a éloigné les
femmes des mosquées et nullement un état d'infériorité religieuse. Certains hadits, il est vrai, paraissent établir cette dernière opinion à propos des in-
firmités temporaires qui ne permettent pas à la
femme de faire la prière canonique ; mais, d'autre
part, au chapitre des funérailles, un hadits s'ex-
prime en ces termes : Quand une femme a perdu
trois enfants en bas âge, ces enfants formeront une
barrière entre elle et l'Enfer. Or comment admettre
qu'elle soit exposée à aller en Enfer, si elle n'a

pas le droit, dans d'autres circonstances, d'entrer au Paradis.

Tant qu'elle est jeune, ou que ses charmes lui attirent encore des adorateurs, la femme mariée ne jouit guère de sa liberté. Il est rare cependant que son mari ne l'autorise pas à recevoir des amies ou à aller chez elles en visite. Chaque semaine, dans les villes, elle se rend aux bains où elle reste de longues heures à causer avec les compagnes dont elle a fait là la connaissance ; puis, le bain terminé, elle fait toilette pour assister à une sorte de fixe o'clok banal pendant lequel on consomme du café, du thé et quelques friandises. Elle peut aussi aller au cime-tière le vendredi. Dans toutes ses sorties, la femme est accompagnée de domestiques quand sa condi-tion lui permet d'en avoir, sinon une parente âgée fait office de duègue.

Veuve, la femme arabe n'a plus de comptes à ren-dre de sa conduite à personne. Elle peut gérer sa fortune comme elle l'entend ou exercer le métier qui lui plaît. Toutefois, les usages l'obligent à une cer-taine réserve et elle n'est autorisée à se montrer le visage découvert que si elle est assez âgée pour qu'elle n'inspire plus la moindre passion. Aussi est-il bien rare qu'en raison de la gêne que lui im-posent les convenances sociales, la veuve ne se re-marie pas quand elle est d'âge à pouvoir le faire. L'exemple de Khadidja indique qu'avant l'isla-misme, la situation de la veuve arabe devait être déjà la même que celle de la veuve musulmane.

La femme âgée joue un rôle important dans la famille musulmane. Grâce à la liberté dont elle jouit, elle peut .entrer partout et s'entremettre entre les hommes et les femmes autant pour le bien que pour le mal. Aucun mariage ne se conclut sans son inter- médiaire ; elle va de maison en maison chercher des informations qu'elle fournit ensuite aux intéressés et c'est par elle, le plus souvent, que les jeunes gens savent où il y a des jeunes filles qui feront d'excel- lents partis au point de vue des qualités morales ou physiques, cela s'entend, car il ne saurait être ques- tion de dot, puisque chez les musulmans, la femme la reçoit et ne l'apporte jamais à son mari.

Malgré les services de ce genre qu'elles rendent, les vieilles femmes musulmanes sont rarement heu- reuses. Elles sont traitées avec aussi peu d'égards que la dernière des domestiques, à moins qu'elles n'aient donné le jour à un fils devenu par la suite un important personnage. Alors seulement elles sont entourées de respects et elles jouissent d'une in- fluence parfois considérable, quand elles sont douées d'une grande intelligence.

Orphelin de très bonne heure, Mahomet n'a pu donner aux musulmans l'exemple de l'affection res- pectueuse dont on doit entourer les parents âgés. Aussi, malgré le Coran qui recommande d'être bon envers ses père et mère, la femme vieille ne trouve pas souvent les égards auxquels elle a droit, de la part des siens tout au moins. L'amour paternel est beaucoup plus vif que l'amour filial ; mais, somme toute, l'affection entre tous les parents, chez les arabes, ne le cède pas à celui des autres peuples et si la mort d'un être cher fait couler moins de larmes qu'ailleurs, cela tient à ce que la résignation est la vertu suprême aux yeux du musulman. Bien souvent cependant cette résignation est plus apparente que réelle et la douleur conserve toute son amertume sous une forme discrète.

Il n'y a pas que chez les musulmans où la naissance d'une fille soit accueillie plus froidement que celle d'un fils. Cette différence d'accueil fait aux enfants suivant leur sexe, est expliquée par des raisons d'ordre purement matériel, la religion n'y a aucune part directe. Il est plus difficile de comprendre que l'islamisme ait décidé que la part des femmes dans la succession serait toujours la moitié de celle d'un homme du même degré de parenté, le contraire semblant au moins aussi logique. L'intérêt particulier, dans cette circonstance, a cédé sans doute devant un intérêt général essentiel à l'existence de la société.

La prostitution ouverte est à peu près inconnue dans les campagnes, aussi bien chez les musulmans que chez les autres peuples. Dans les villes, au contraire, elle existe partout. L'islamisme ne s'est pas contenté de la condamner en termes formels, il a essayé de l'empêcher de se produire. Pour cela, il a admis la polygamie et le concubinage. Conséquent avec son principe de ne point faire violence à l'accomplissement des fonctions que la nature a imposées à tous les êtres vivants, il a pensé que l'homme d'un tempérament ardent devait pouvoir trouver dans son foyer, des satisfactions qu'il serait tenté d'aller chercher ailleurs.

En outre, l'esclavage étant admis, il eût été malaisé d'éviter les rapports intimes entre le maître et la femme esclave ou prisonnière qui habitaient sous le même toit. Afin de combattre une débauche clandestine, on a usé d'un moyen héroïque, le concubinage. La concubine n'a pas droit aux mêmes égards que la femme légitime. La faveur du maître ne lui confère pas, *ipso facto*, la liberté ; la maternité seule assure à la concubine le rang de femme libre comme elle l'assure également à la femme esclave ayant eu exceptionnellement commerce avec son maître.

Le concubinage est seulement autorisé ; il ne doit donc pas porter préjudice aux droits que la femme légitime peut exiger de son mari. Il peut même être utile à une femme stérile qui serait sûrement répudiée si le mari n'avait eu des enfants d'une concubine. En réalité, il n'a eu d'autre but que d'éviter les alliances clandestines qui ailleurs troublent la paix des ménages et sont une cause de ruine et de dépravation. C'est une façon non hypocrite de faire la part du feu.

La disparition de l'esclavage amènera une amélio-

12.

ration certaine et progressive du sort de la femme musulmane. Le mouvement, commencé il y a quelques années à peine dans certains pays, s'accentuera très vite avec le contact des peuples européens. Déjà l'instruction est donnée à quelques jeunes filles de la classe aisée et quand elle se sera répandue dans la masse de la nation, il y a bien des chances pour qu'on voie la femme musulmane occuper une place moins effacée dans la société, sans que la religion ait à s'inquiéter de cette transformation.

XIV

LA SOCIÉTÉ MUSULMANE

La communauté musulmane forme une société d'un caractère nettement démocratique. Tous les musulmans possèdent des mêmes droits et nul, du seul fait de sa naissance, ne jouit d'un véritable privilège. Une seule exception à cette règle générale est celle qui est faite en faveur des descendants du Prophète ; ainsi légalement, ils ont droit à une part du butin sans avoir pris part au combat ; cet avantage n'est que la contre-partie d'une autre disposition de la loi qui les prive d'une part quelconque de la dîme. En fait, cependant, ils sont dans certains pays, l'objet d'une considération particulière ; en outre, on les y exempte d'impôts et on ne leur applique pas la peine capitale.

A part ce cas particulier, les catégories sociales se forment d'elles-mêmes par le fait de circonstances auxquelles ni la religion, ni la loi n'ont aucune part directe. Les qualités physiques, morales ou intellectuelles, font qu'un homme possède un prestige plus grand que tel de ses semblables moins favorisé par la nature. Mais, ce résultat acquis, ne se transmettra à ses descendants qu'à la condition que ceux-ci sauront conserver par leurs qualités personnelles, le rang et l'autorité qu'avaient leurs auteurs.

L'hérédité du pouvoir souverain n'est point consacrée par la loi et si, d'ordinaire, on choisit plus volontiers le monarque dans telle ou telle famille, c'est que les membres de cette famille ont à leur disposition des moyens d'action ou d'influence que d'autres qu'eux ne sauraient facilement se procurer. Ils peuvent donc avoir des titres sans que cela constitue jamais un droit véritable. En réalité, chacun peut aspirer au pouvoir suprême et, s'il sait s'en emparer, son autorité sera aussi légitime que celle de tous ses concurrents.

On admet, il est vrai, le principe que le souverain doit être issu de la tribu des Qoraïch et être ainsi apparenté à Mahomet. Toutefois, il faut ajouter que ce principe a été contesté et, en fait, peu de familles souveraines seraient en état de fournir la preuve d'une telle origine. Cette absence de réglementation précise sur la transmission du pouvoir royal est la cause de graves désordres. Au début de son règne, chaque prince en est presque toujours réduit à employer la force pour écarter ses concurrents, et il n'a d'autre titre, pour justifier sa légitimité, qu'une sorte d'accord intervenu entre lui et certains personnages qui représentent en quelque sorte le pays en ces occasions. En vertu de cet accord, le souverain jure de protéger ses sujets et ceux-ci lui prêtent alors serment d'obéissance. N'était l'imprécision des termes de cet engagement réciproque, on serait tenté d'y voir une véritable charte constitutionnelle.

Pendant longtemps, les Khalifes furent considérés comme les héritiers directs de Mahomet et, à ce titre, on leur reconnut l'autorité suprême aussi bien en matière spirituelle qu'en matière temporelle. Ce cumul, devenu bientôt en quelque sorte nominal, cessa d'exister en fait sous la dynastie des Abbassides qui perdirent l'autorité temporelle pour ne garder qu'une autorité spirituelle de plus en plus affaiblie. Avec la chute de cette dynastie issue d'Abbas, oncle de Mahomet, la papauté musulmane disparut à tout jamais et les sultans, qui régnèrent par la suite, ne furent guère qualifiés pour prendre un titre dont ils n'étaient dignes en aucune façon.

Néanmoins, le souvenir de cet ancien état de choses s'est si bien gravé dans les esprits, que les musulmans ne font guère de différence entre l'ancien Khalife et le sultan actuel, en sorte qu'ils attribuent à ce dernier des prérogatives identiques à celles qu'on reconnaissait aux successeurs immédiats de Mahomet. Aussi entourent-ils la personne de leur souverain d'un respect tout particulier et le considèrent-ils comme revêtu d'un caractère sacré. C'est grâce à cette conception, fort confuse d'ailleurs, que les musulmans en sont arrivés au point de supporter, sans songer à se plaindre, les caprices les plus féroces d'un sultan despotique.

Certains souverains, le sultan de Constantinople en Orient et le sultan du Maroc en Occident, revendiquent aujourd'hui le titre de chef spirituel de la communauté musulmane. Les sujets de ces deux princes ne semblent pas bien convaincus d'avoir un vrai Khalife à leur tête et la masse des fidèles, tout en ayant l'air de pencher pour Constantinople, reste assez indifférente à cette prétention tout à fait platonique.

Sans doute, il est des musulmans qui rêvent de rendre à l'islamisme l'unité qui a fait autrefois toute sa force et, pour arriver à cette fin, ils feraient taire leurs préférences et accepteraient comme chef celui qui se lancerait hardiment en avant. Cet espoir d'une grande restauration islamique est-il réalisable ? Bien osé qui oserait l'affirmer. Trop d'États, séparés par la distance ou par leurs intérêts matériels, se sont formés sur divers points du globe pour qu'on puisse espérer qu'il se trouverait un homme capable de les tenir tous en mains et de leur donner une impulsion unique. Et, en admettant que cet homme se rencontrât, il est à supposer qu'il ne conserverait son influence qu'à la condition d'être un nouveau prophète et de réformer, sinon détruire l'ancien islamisme.

L'islamisme ne sacre pas ses rois et n'ordonne pas ses prêtres. A aucun moment la religion ne reconnaît la nécessité de l'intervention d'un personnage revêtu d'un caractère sacré, et c'est pour cela qu'elle n'a jamais songé à se créer un clergé. Qu'il naisse, qu'il se marie ou qu'il meure, le fidèle n'est l'objet d'aucune cérémonie exigeant la présence d'une manière de prêtre, de pasteur ou de rabbin. La fonction manquant, l'organe n'était donc pas à créer.

Cette absence de clergé dans une société où la religion joue le rôle prépondérant, paraît bien singulière, car on est tout porté à croire que la ferveur religieuse est d'autant plus grande que le nombre des prêtres est plus considérable. Mais il ne faut pas oublier que le prêtre officiel n'a sa raison d'être que si la religion a des sacrements ou des offices publics. Aussi l'islamisme, privé de clergé régulier de par sa constitution, a-t-il cherché à accroître son prestige, sinon sa force au moyen d'un élément spécial qui, sans avoir le caractère sacré du prêtre, le remplacerait dans sa fonction de directeur des consciences.

Tout d'abord, on a de bonne heure fait sous le nom d'imam, un personnage religieux du moniteur de la prière en commun. Là, où la population était un peu considérable et où il y avait une mosquée, il y eut dorénavant un imam attitré à qui la piété des fidèles assura quelques avantages pécuniaires quand la mosquée n'avait pas de revenus suffisants pour lui attribuer une rémunération fixe. L'honorabilité de ces personnages et parfois aussi leur instruction, en faisait bientôt des conseillers en matière spirituelle et la considération dont ils jouirent, peut se comparer à celle des curés chrétiens ou des rabbins.

De tout temps l'homme instruit a été honoré d'une façon particulière par les musulmans. Pour eux, en effet, il n'y a pour ainsi dire qu'une science, celle de la religion. Si l'on étudie la langue arabe, c'est pour arriver à lire le Coran et ses commentaires, à apprendre à connaître la Sounna et les principes du droit qui en dérivent. Tout le reste ne compte pour ainsi dire pas ou, pour mieux dire, n'est qu'un accessoire. L'histoire, la géographie, les mathématiques, la médecine, etc., sont reléguées au second plan et ne figurent pas à ce qu'on pourrait appeler le programme classique des études qui mènent au titre élevé de *âlem*, mot dont nous employons d'ordinaire la forme plurielle *uléma* en la considérant comme un singulier.

On conçoit, d'après cela, la considération qui s'attache aux personnes en possession de cette sorte de doctorat canonique et le rôle religieux qui lui est attribué. Ces ulémas servent, en effet, de véritables directeurs de conscience à leurs coreligionnaires moins instruits sans jamais être investis d'un mandat officiel de la part d'aucune autorité temporelle ou spirituelle. On consulte donc les ulémas dans tous les cas douteux et les avis qu'ils émettent ont la valeur de véritables décisions, même quand ils se prononcent isolément. S'il leur arrive de délibérer en commun sur un des points qui leur est soumis, il va sans dire que leur opinion prend une force plus grande sans toutefois devenir obligatoire pour ceux qui l'ont sollicitée. Dire que le corps des ulémas représente un clergé est sans doute excessif ; cependant il est certain que dans nombre de cas il en exerce une partie des fonctions.

Certains ulémas détiennent aujourd'hui une charge véritable, celle de mufti. Ils sont délégués à cette fonction par le Cheikh-el-islâm (le chef de l'islâm). Ce personnage, qui, de tous les ulémas, est celui dont la science et les vertus ont le plus haut renom, est indiqué par la commune renommée ; mais il faut que son choix soit ratifié par le souverain ou que celui-ci, en réalité, lui abandonne la souveraineté spirituelle dont strictement il devrait être le seul dépositaire puisque, en principe, il est le successeur des Khalifes et l'héritier de leurs prérogatives.

D'origine assez récente, la fonction de Cheikh-el-islâm est à coup sûr la plus importante dans un Etat musulman. Celui qui en est revêtu possède déjà un crédit considérable qu'il doit à sa valeur personnelle et il peut encore accroître cette influence en s'appuyant sur le corps des ulémas et faire alors échec au sultan lui-même. Et, malgré son rôle purement spirituel, la connexité étroite qui existe entre les institutions civiles, politiques et religieuses de l'islamisme, fait qu'il peut intervenir dans des questions qui sembleraient à nos yeux devoir lui être tout à fait étrangères.

13

Tandis que l'autorité du Cheikh-el-islâm s'étend
sur tout l'empire, celle des muftis, ses délégués,
s'arrête aux limites du territoire qui forme leur circonscription. Un mufti a pour mission spéciale de
fournir des consultations sur tous les points d'ordre
canonique ou parfois juridique qui lui sont soumis.
Le résultat de ces consultations qui prend le nom
de *fatoua* oblige moralement les fidèles du ressort,
tandis que la fatoua du Cheikh-el-islâm exerce une
une action analogue sur tout l'empire. On ne s'écar-
terait guère de la réalité des choses en assimilant la
fatoua du Cheikh-el-islâm à une bulle pontificale et
celle du mufti à un mandement d'évêque.

Les puissances européennes, qui ont des sujets
musulmans, n'ont pas manqué de comprendre l'importance de ces fatouas pour mieux assurer leur
domination. L'Angleterre en a fait usage dans
l'Inde et un gouverneur [général de l'Algérie,
M. Jules Cambon, n'a pas hésité à y avoir recours
dans une circonstance particulière.

Le fractionnement successif de l'autorité spirituelle que les Khalifes avaient laissé échapper de
leurs mains, amoindrit la vigueur de l'islam et rendit plus fragile que jamais la puissance du sultan.
La force matérielle devint le seul moyen de gouver-
ner et les abus partis d'en haut se transmirent bien
vite à tous les degrés inférieurs de la hiérarchie
administrative ou politique. Tous les fonction-
naires, incertains du lendemain, privés de tout

frein moral, se hâtèrent d'extorquer de l'argent à
leurs administrés pensant ainsi s'assurer un jour
une retraite dorée. Ils oublièrent qu'ils avaient au-
dessus d'eux toute une série de personnages animés
des mêmes désirs et les réalisant aux dépens de
ceux qui étaient placés sous leurs ordres. La con-
cussion et l'arbitraire sont dès lors restés endé-
miques dans tous les pays musulmans.

Le niveau de la moralité dut fatalement s'abais-
ser avec un pareil système de gouvernement. Cependant, en dehors du milieu spécial qui brigue les
fonctions publiques, on est tout étonné de rencontrer dans la masse bien des qualités qu'on ne trouve
pas en plus grand nombre chez d'autres peuples
mieux dirigés. Au point de vue moral, les musulmans sont partout de vrais enfants sur qui l'instruction et l'éducation sont susceptibles de produire
d'excellents résultats ; mais, livrés à eux-mêmes,
ils ne sont gouvernables que si on les corrige vivement sans jamais céder à aucun de leur caprice.

L'islamisme admet la légitimité de l'esclavage.
Toutefois, si un esclave peut devenir musulman
sans conquérir par ce fait sa liberté, un musulman
ne saurait jamais être réduit en esclavage. En sorte
que, s'il advenait un jour que tous les hommes fussent musulmans, la source de l'esclavage se trouverait dès lors tarie. Le sort de l'esclave est d'ordinaire
fort doux dans la société musulmane et son affranchissement est une œuvre pie au même titre que le

jeûne et l'aumône pour racheter les infractions faites à la loi religieuse. En dehors de ce but spécial l'affranchissement est fort recommandé aux fidèles. Du reste, pour que cet acte ne nuise pas d'une façon immédiate aux intérêts matériels du maître on use d'un procédé qui consiste à ne rendre la liberté à l'esclave qu'au jour du décès de son propriétaire. Les héritiers sont donc seuls lésés en cette circonstance et cette considération ne touche guère celui qui attend de sa libéralité une récompense dans l'autre monde.

Devenu libre, l'esclave passe à la condition d'affranchi et, comme tel, il reste sous le patronage de son ancien maître. Cette tutelle toute morale d'ailleurs, est un grand avantage pour l'affranchi. Sans cet appui légal, il resterait bien isolé dans le milieu où il est appelé à vivre, tandis qu'il trouve chez son patron l'appui qu'il lui est impossible de se procurer parmi des parents comme le fait l'homme né libre. La loi, ici encore, a sagement fait de prévoir les inconvénients qui devaient résulter de la nouvelle situation de l'esclave libéré.

Naturellement le Coran recommande la plus grande bienveillance envers les esclaves. Les mauvais traitements qu'ont à subir certains d'entre eux, sont d'ordinaire le fait des trafiquants et surtout de la valetaille qui assiste ces derniers dans leur misérable profession. Il est d'ailleurs de l'intérêt évident du maître définitif de refréner ses châtiments ou ses violences, puisqu'il risque de perdre par la fuite ou par la mort, un capital considérable ou le revenu de ce capital sous forme de travail ou de services.

Chez la plupart des musulmans, le préjugé de la couleur existe à peine quand il ne fait pas complètement défaut, ce qui est presque toujours le cas s'il s'agit de femmes. D'autre part le système d'éducation et la façon de vivre habituelle ne diffèrent guère chez les maîtres et les esclaves ; il n'est donc pas étonnant qu'il s'établisse entre eux des relations d'un caractère familial. Aussi, au bout de fort peu de temps, l'esclave, éloigné de son pays et privé de la société des siens, en arrive à ne plus aspirer à son affranchissement. On a pu constater le fait en Algérie lorsque l'abolition de l'esclavage y fut proclamé en 1848. Fort peu de nègres profitèrent de leur émancipation ; le plus grand nombre préféra demeurer avec ses anciens maîtres dans la situation qu'il avait auparavant.

L'esclavage a, dans une certaine mesure, favorisé l'expansion de l'islamisme. Les nègres du Soudan, en contact avec les musulmans, se décident très volontiers à embrasser une religion qui les met pour toujours à l'abri d'une pénible et éternelle captivité. Cette considération a d'autant plus de valeur que les musulmans sont les seuls qui, de nos jours, aient encore des esclaves. La polygamie est bien aussi une cause d'attirance, mais la prohibition des liqueurs fermentées la contrebalance dans une certaine mesure.

Le non-musulman est le seul qui ait qualité d'étranger en pays islamique, puisque les diverses nationalités musulmanes y obéissent à une même loi. Pendant la première année de son séjour, l'étranger est simplement toléré, mais il conserve le bénéfice de son statut personnel en même temps que sa nationalité. Dès que l'année est expirée, qu'il soit juif ou chrétien, il ne peut plus résider parmi les musulmans, à moins de payer un tribut annuel. Les tributaires forment un groupement particulier en pays musulman; on les relègue d'ordinaire dans un quartier à part, bien qu'ils soient alors de véritables sujets du souverain.

La situation de tributaire est assez précaire. Cependant, là où l'ordre et la paix règnent d'habitude, son sort peu enviable sans doute est à peu de choses près celui des musulmans qui l'entourent. Il faut même admettre qu'il est assez doux, puisque la plupart de ceux qui le subissent préfèrent les avantages matériels qu'ils en retirent à la condition meilleure qu'ils pourraient s'assurer en allant s'installer ailleurs. Les avanies qu'on leur inflige sont compensées à leurs yeux par les profits pécuniaires qu'il leur est facile de réaliser.

Somme toute, le tributaire n'est guère plus molesté que la masse des pauvres diables musulmans qui l'entourent. Il subit seulement, en outre, de la part de la foule, les petites vexations auxquelles sont exposés les étrangers dans tous les pays, y compris les pays

civilisés. Il n'y a pas bien longtemps qu'on voyait
en Algérie des cochers, espagnols d'ordinaire, cin-
gler de leur fouet des passants arabes bien inoffen-
sifs. Ceci n'est pas pour justifier cela ; mais il n'est
pas nécessaire de chercher à expliquer par le fanatisme religieux des procédés aussi barbares. La haine
traditionnelle de l'étranger est la véritale cause de
ces excès que la différence de religions contribue
peut-être à propager sans les avoir fait naître à l'origine.

Ce qui donne à la société musulmane un cachet
vraiment particulier, c'est que hommes et femmes
ne vivent en commun que dans le gynécée. Partout
ailleurs, ils demeurent séparés, ne se réunissant jamais ni autour de la même table ni dans un même
salon. Personne ne profite de cette séparation, bien
au contraire : les hommes n'ont aucune occasion
d'adoucir la rudesse native de leur caractère et les
plaisirs frivoles des femmes, livrées à elles-mêmes,
sont loin d'être une garantie de leur fidélité. Même à
la campagne, où les deux sexes restent moins isolés
par suite des nécessités quotidiennes de l'existence,
la cohésion des familles ne ressemble en rien à celle
qu'on trouve dans la plupart des milieux civilisés.

Cette dualité de la société musulmane ne tend à
disparaître que dans le pays où elle se trouve en
contact avec des européens. Quelques femmes de
grandes familles ont déjà commencé à exiger de
leurs maris le droit d'aller et de venir à leur guise,

hors du gynécée, de prendre leurs repas avec eux.
L'opinion publique tolère déjà ce premier pas fait
dans le but de donner plus d'homogénéité au corps
social musulman. Cette évolution est due pour une
large part à l'instruction que les femmes reçoivent
dans quelques grandes familles, depuis que leur
gynécée a reçu la visite des femmes de hauts fonc-
tionnaires européens ; et c'est par la diffusion de
l'instruction qu'elle arrivera à s'accélérer et à se répandre dans les divers milieux du monde musulman.

Tant que l'ignorance a été générale, il était impossible d'espérer aucun progrès des peuples musulmans. La difficulté que présente l'étude de la
langue arabe, la seule qui fût à même de servir de
langue littéraire, et qui d'ailleurs a fourni aux langues turque et persane le supplément de vocabulaire
dont elles avaient besoin, a été et est restée encore
aujourd'hui une cause de ralentissement pour la
propagation des connaissances modernes ; en outre,
pendant longtemps, l'imprimerie faisant défaut, n'a
pas permis de se procurer sans trop de frais les
ouvrages les plus indispensables dès le début des
études.

Depuis un demi-siècle environ, la situation s'est
peu à peu modifiée. Sans doute il n'a pas été possible de réformer de fond en comble la langue arabe ;
mais on a pu, par des méthodes meilleures, en
rendre l'acquisition plus facile et le temps ne
semble plus éloigné où l'on arrivera à y introduire

des modifications de détail qui en rendront la pratique plus commode. Cette transformation pourra
maintenant se répandre bien vite dans la masse de
la population, grâce à la presse qui commence à
jouer son rôle de vulgarisation d'une façon effective
depuis qu'elle a une périodicité assez fréquente. Au
début, les rédacteurs des journaux arabes, qui écri-
vaient pour un public spécial très restreint, rédi-
geaient leurs articles dans un style trop relevé pour
être compris de tous.

Aujourd'hui, il n'en est déjà plus de même : on a
compris qu'il fallait le prendre sur un ton moins
élevé, si l'on voulait s'assurer un nombre suffisant
d'abonnés et, en même temps qu'on parlait une
langue moins châtiée, on a donné aux choses terre à
terre une plus large part qu'autrefois. Les faits
divers, les renseignements secondaires ont pris une
partie de la place qu'occupaient seuls auparavant
des articles consacrés à de graves sujets politiques
ou littéraires. Aussi, bien qu'ils soient encore en
petit nombre, les journaux arabes dirigent déjà, dans
une certaine mesure, l'opinion publique dans des
voies nouvelles, ne craignant pas parfois d'aller à
l'encontre de certaines idées que l'islamisme avait
formulées ou adoptées. C'est ainsi, par exemple,
qu'on voit des journaux reproduire des portraits de
personnages importants alors que les images sont
déclarées proscrites d'une façon formelle par l'orthodoxie musulmane.

13.

La lutte pour l'existence a provoqué de nombreux accommodements avec la pure doctrine islamique. La prohibition formelle du prêt à intérêts n'a pas pu empêcher certains états de contracter des emprunts lorsqu'il leur a fallu pourvoir à la défense de leur territoire menacé par un ennemi mieux outillé qu'eux. Sans doute, on a dû, pour apaiser les remords de la conscience publique, alléguer que la loi défendait de prêter et non d'emprunter, mais la vérité est que ce contrat est très illicite et qu'il n'est pas plus permis d'être partie passive que partie active dans une convention interdite par la loi. A l'origine, il est vrai, les titres de rente étaient tous détenus par des européens, mais si l'on ne voit pas encore beaucoup de musulmans garnir leur portefeuille de valeurs de ce genre, le temps n'est pas loin où les guichets des banques paieront des coupons à nombre de disciples plus ou moins fidèles de Mahomet. L'exemple donné par la Turquie a été suivi par l'Egypte, puis par la Tunisie et enfin par le Maroc, qui semblait cependant le pays le plus fermé aux usages non islamiques.

On reproche surtout aux musulmans leur intolérance et leur fanatisme et l'on en donne pour preuve principale l'obligation que leur loi leur impose de faire la guerre sainte. Ce reproche peut être également ment adressé à toutes les religions sans exception ; au début, c'est par la force des armes que la religion juive s'est propagée en Palestine ; les chrétiens ont

eu les Croisades et l'Inquisition ; et, de nos jours
encore, les missionnaires acceptent très bien que la
force armée les protège dans leur œuvre d'évangéli-
sation.

Les musulmans n'ont pas agi autrement que les
autres. Du moment qu'il y a plusieurs religions, la
lutte entre elles pour l'existence est absolument inévitable. La civilisation a sans doute beaucoup calmé
les ardeurs religieuses des peuples de l'Europe, mais
l'hostilité sourde n'a pas cessé d'exister, et n'était la
prédominence qu'a prise la science sur la foi dans la
société moderne, on verrait encore de temps à autre
éclater des guerres de religion ou tout au moins se
reproduire quelques-uns de ces lugubres événements qui ont nom les Vêpres siciliennes ou la
Saint-Barthélémy.

La différence actuelle que l'on constate entre les
états musulmans et les états européens au point de
vue de l'intolérance et du fanatisme, ne tient nullement à la forme religieuse. Il suffirait, en effet,
que tel ou tel peuple européen fût soumis un an ou
deux au système gouvernemental du Maroc, par
exemple, pour que l'on vit s'y reproduire des actes
d'hostilité religieuse qui rappelleraient les jours les
plus néfastes de l'Inquisition, et, peut-être même ne
serait-il pas paradoxal d'ajouter que les choses y
seraient menées avec plus de violence qu'en pays
musulman.

Parmi les causes qui ont conservé à la société

musulmane une apparence rude et grossière, il convient de mentionner son absence à peu près complète de développement artistique. Dans le but de rendre plus difficile le retour à l'idolâtrie, la religion a prohibé la représentation des êtres animés, aussi bien par la peinture que par la sculpture. La musique elle-même, bien qu'elle ne semble pas pouvoir provoquer la même conséquence, est l'objet d'une certaine réprobation. L'architecture seule a trouvé grâce aux yeux de l'islamisme, mais, privée de deux de ses meilleurs auxiliaires, elle a dû se contenter de l'arabesque dans toute son ornementation.

Pourtant les musulmans ont senti vaguement que l'art pouvait être d'un certain secours pour donner plus d'attraits à la religion. Les belles mosquées qu'ils ont édifiées, les élégantes chaires, dont le bois est merveilleusement fouillé par des sculptures, les superbes enluminures qui ornent les exemplaires de luxe du Coran, sont, à coup sûr, des manifestations artistiques qui avivent l'ardeur de la foi des fidèles. Il est donc singulier qu'on n'ait pas osé enfreindre une interdiction qui, somme toute, était d'ordre bien secondaire.

En obligeant le fidèle à renoncer au culte des arts la religion musulmane lui a tout d'abord enlevé un moyen de subvenir à son existence matérielle. Elle l'a privé, en second lieu, d'une grande source de jouissance morale et enfin elle a, sans s'en douter,

provoqué elle-même une de ses causes d'affaiblissement. Il est bien certain, en effet, que le musulman,
dont l'esprit est hanté par le désir de donner une
forme sensible à l'idéal que son imagination lui fait
entrevoir, n'a d'autre ressource que la littérature.
S'il arrive qu'il soit lettré, il sait d'une part que la
poésie a été mal vue du Prophète et, d'autre part,
que la religion est la seule science qui mérite ce
nom en pays musulman. Toute son ardeur se tour-
nera donc vers les études théologiques et, en cher-
chant là le moyen de réaliser ses rêves, il en arrive
bien vite à créer quelque secte nouvelle. S'il manque
d'instruction, c'est également de ce côté qu'il diri-
gera ses pensées et ses réflexions et, au lieu d'une
secte, il fondera une confrérie religieuse. Dans un
cas comme dans l'autre, il affaiblit la foi en la mor-
celant.

Les légendes, les contes, ceux des Mille et une
nuits, entre autres, sont, eux aussi, les produits de
cette imagination en travail, à la recherche de
l'idéal et ne sont pas, à proprement parler, des œuvres littéraires, car tous ces récits fictifs ont été faits
de vive voix, tout d'abord, et leurs auteurs ont toujours été des gens sans la moindre instruction. Dans
leur ensemble, toutes ces fictions ont bien un but
moral, mais il faut avouer que nombre de détails
n'en éveillent pas même la pensée. La séparation des
sexes dans la vie commune n'a pas permis de relever
le niveau de ces productions et d'en tirer des œuvres

dramatiques qui se seraient largement épurées, le jour où elles auraient été jouées devant un public composé des mêmes éléments que le nôtre.

En somme, il importe de faire une singulière violence à nos idées courantes, pour comprendre la véritable valeur de cette société, qui présente cet étrange amalgame d'une démocratie gouvernée par un autocrate et d'une théocratie sans clergé.

———

XV

SCHISMES. — SECTES.

L'unité de croyance que Mahomet avait réussi à créer parmi ses fidèles ne fut pas de bien longue durée. En Arabie ou, d'une manière plus générale, parmi les sémites, le prophétisme est en quelque sorte à l'état endémique. Chacun se croit inspiré du ciel dès que, par le recueillement ou la méditation, son esprit s'est élevé au-dessus du terre à terre des nécessités quotidiennes de l'existence matérielle. L'interprétation donnée aux songes qui, sous l'empire de la préoccupation de son esprit, hantent son sommeil, détermine le plus souvent sa vocation et, pour peu qu'il sache formuler en termes suffisamment vagues les réponses aux questions que ses concitoyens lui adressent pour connaître l'avenir, il est assuré du succès. On le considère comme en rapports constants avec la divinité et on lui prête volontiers le pouvoir de provoquer les fléaux qui désolent inopinément les sociétés humaines ou les faveurs inespérées que leur assurent des événements imprévus. Les honneurs et les profits matériels qui d'ordinaire accompagnent cette carrière forment un appât que personne ne dédaigne.

Tout au début de sa prédication Mahomet eut à lutter avec la concurrence de ces voyants ou illuminés. Quelques-uns, et parmi eux une femme, essayèrent de jouer le rôle de grand prophète, c'est-à-dire de fondateurs d'une nouvelle religion. Il fallut lutter avec une grande énergie contre ces rivaux et ce ne fut pas sans peine qu'on en vint à bout. Mais, s'il fut possible d'exterminer les grands voyants qui visaient à renverser Mahomet, il n'en fut pas de même pour ceux qui, d'ordre plus modeste, se contentaient d'exercer leur action sous une forme discrète sans se mettre en état d'hostilité flagrante avec les doctrines nouvellement prêchées par l'Envoyé de Dieu.

Les voyants de second ordre profitèrent même de la situation que venait de créer l'établissement de l'islamisme. Les consciences, troublées par l'annonce des nouvelles doctrines qui les obligeaient à rompre avec le passé, éprouvèrent un instant d'hésitation qui les rendit plus facilement impressionnables aux sollicitations dont elles étaient l'objet, et, comme il s'agissait de simples modalités nouvelles dans l'islamisme, il en résulta une succession de sectes dont l'orthodoxie était discutable sans doute, mais non catégorique. Mahomet avait eu tout au moins le

pressentiment de ces divisions fâcheuses et s'il faut
en croire un hadits déclaré authentique il les aurait
même annoncées ouvertement. Toutefois il se contenta de signaler le danger sans indiquer les moyens
effectifs qui auraient permis de le conjurer. Mieux
que personne il savait qu'un prophète sommeille au
fond du cœur de tout sémite et qu'il se trouvait
ainsi en face d'un fait pour ainsi dire inéluctable.

Quelques-unes de ces doctrines prêchées par ces
embryons de prophètes dépassèrent les bornes de
l'orthodoxie et constituèrent aux yeux de la masse
des musulmans de véritables hérésies. Les Ibadites et,
à une époque plus récente, les Ouahhabites sont, de
nos jours, les seules sectes ayant d'assez nombreux
adeptes qui soient traités d'hérétiques par l'immense
majorité des musulmans. Toutes ces sectes ont affaibli l'islamisme sans doute, mais elles ne l'ont point
divisé comme l'a fait le schisme chiite dont les premiers symptômes se manifestèrent peu de temps
après la mort du Prophète.

Ali, cousin et gendre de Mahomet, semblait naturellement désigné pour être le premier Khalife
appelé à recueillir la succession du fondateur de
l'islamisme. Le zèle qu'il avait déployé pour soutenir
la nouvelle religion, sa vaillance à toute épreuve
pour la défendre, ses vertus privées, étaient des titres
de premier ordre, mais une brouille de famille empêcha qu'on en tînt aucun compte. Aïcha, une des

veuves de Mahomet, jalouse de conserver l'influence qu'elle avait acquise par suite de l'ascendant qu'elle exerçait sur son mari, réussit tout d'abord à faire désigner Abou-Bekr, son père, comme pontife suprême de la communauté musulmane naissante. Plus tard, elle combattit de nouveau la candidature d'Ali et lui fit successivement préférer Omar, puis Otsman.

En principe tous les fidèles avaient un droit égal à manifester leur opinion quand il s'agissait de choisir un Khalife ; dans la pratique et en réalité ce choix était fait par un petit groupe de personnages considérables. Si restreint qu'il fût, ce corps électoral renfermait pourtant des partisans des divers candidats en présence et ceux d'Ali ne réussirent à lui obtenir la majorité qu'après trois échecs successifs.

A en juger par les résultats, il est certain que les notables musulmans furent bien inspirés dans leurs deux premiers choix tout au moins. Abou Bekr, par ses vertus privées, fut sympathique à tous et du fait même qu'il ne nourrit pas de grands desseins il fit ressortir d'autant plus la haute valeur du Prophète auquel il succédait. Il en fut tout autrement d'Omar dont le génie assura seul le triomphe définitif de l'islamisme. Quand à Otsman, sa valeur assez discutable d'ailleurs fut singulièrement amoindrie par la comparaison qui s'imposait avec son prédécesseur immédiat. Enfin les événements ont bien démontré qu'Ali était incapable de décision et que, incomparable en sous-

ordre, il lui manquait une au moins des qualités indispensables à celui qui occupe le premier rang.

En effet, à peine arrivé au pouvoir, il commit la
faute de laisser à des arbitres le soin de se prononcer
entre lui et son compétiteur Moawia, alors qu'il
avait avec lui des forces suffisantes pour continuer
la lutte et que sa vaillance lui eût vraisemblablement assuré le succès. Cette déchéance, prononcée
par des hommes qui n'avaient point mandat de la
communauté musulmane pour agir ainsi, troubla si
bien les esprits qu'il se trouva des musulmans assez
osés pour porter la main sur la personne du gendre
du Prophète et le faire périr sous les coups de leurs
poignards.

Hassan, fils d'Ali, fut bien déclaré Khalife par quelques groupes de fidèles, mais sa nomination ne
pouvait avoir aucune valeur puisque son père avait
accepté la sentence des arbitres qui s'étaient pro-
noncés en faveur de Moawia. Aussi ne tarda-t-il pas
à résigner le rôle qu'on avait voulu lui faire jouer
et son abdication consacra définitivement la légitimité de fait de la dynastie des Omeyyades. Du reste,
lui aussi périt bientôt de mort violente à Médine,
victime du poison que ses adversaires avaient réussi
à lui faire absorber.

Ecartée du pouvoir, la postérité d'Ali conserva
néanmoins un nombre notable de partisans. Ceux-ci
malgré leur dévouement aux descendants directs du
Prophète, n'osèrent pendant quelques temps, mani-

foster d'une façon ouverte les sentiments qui les animaient. La fâcheuse décision d'Ali et l'abdication de Hassan les avaient mis dans une fausse posture et il leur fallut attendre que l'oubli se fît un peu sur ces deux points.

D'un autre côté, les musulmans qui obéissaient aux Omeyyades pouvaient à bon droit se croire seuls orthodoxes et considérer les Alides comme de véritables schismatiques. A cette époque le Khalife était toujours le seul chef spirituel de l'islamisme et méconnaître son autorité était une infraction grave à la véritable foi musulmane. En examinant les choses de près, on pouvait, il est vrai, dire que le différend entre Ali et Moawia avait une origine politique et non religieuse, mais, jusqu'alors, personne n'avait conçu le pouvoir souverain autrement qu'avec la double puissance spirituelle et temporelle.

Les Chiites, — nom que l'on a donné aux partisans d'Ali — disséminés par petits groupes, durent tout d'abord dissimuler leurs convictions et leurs espérances sous peine d'encourir une véritable guerre sainte de la part des orthodoxes ou Sunnites, comme on les appelle d'ordinaire quand ils sont opposés aux chiites. Bientôt l'impiété notoire de la plupart des Omeyyades, la haine qu'ils avaient vouée à la famille du Prophète affaiblirent leur autorité et permirent anx Alides de songer à revendiquer en fait les droits que, jusque-là, ils n'avaient formulés qu'en théorie. Toutefois ce fut seulement sous les Abbassides que des manifestations de ce genre se produisirent. Elles furent d'ailleurs vivement réprimées et l'on sait, par exemple, que Idris, le fondateur de l'empire du Maroc, fut mis traitreusement à mort à l'instigation du Khalife abbasside, Haroun Er-Rachid.

Le schisme chiite s'est peu à peu localisé dans les provinces qui forment le royaume actuel de la Perse et il en est devenu la religion officielle. Son expansion peu considérable d'ailleurs, s'est toujours produite du côté de l'Orient plutôt que du côté de l'Occident. Ses partisans rejettent surtout les prescriptions tirées de la Sonna et ils regardent les hadits tels qu'ils ont été recueillis dans les grands recueils orthodoxes comme un tissu de mensonges. Sans doute ils ne dénient pas à Mahomet le droit que tout musulman lui reconnaît d'avoir légiféré en matière canonique ou autre, mais, selon eux, la plupart des traditionnistes ont défiguré les textes qu'ils avaient seulement mission de transmettre.

Même en ce qui concerne le Coran, les Chiites sont persuadés que le texte qui nous en a été transmis a été altéré par les orthodoxes. Ceux-ci, disent-ils, en auraient fait disparaître tous les passages dans lesquels il était fait mention d'Ali et qui auraient justifié ses droits à la succession immédiate de Mahomet. L'interprétation qu'ils donnent du livre sacré ne concorde pas exactement avec celle qu'ont adoptée les Sunnites et cela contribue encore à accentuer les divergences qui séparent les deux groupes puisqu'elle vient s'ajouter à la suppression, tout au moins partielle, des prescriptions édictées par les hadits en leur forme orthodoxe.

Mais le trait le plus caractéristique du schisme chiite c'est le véritable culte qu'il rend au gendre du Prophète. Tandis que dans le monde orthodoxe on a divinisé Mahomet, les Chiites ont eux aussi peu à peu revêtu Ali du caractère divin, si bien que, dans la masse des fidèles, on en est venu au point de placer ce dernier sur le même rang que le Prophète et peut-être même, au fond, lui accorde-t-on la prééminence. C'est ce point particulier qui a déjà rendu et rendra toujours irréconciliables les Sunnites et les Chiites. L'inimitié entre eux est aussi vive que celle qui anime les musulmans à l'égard des infidèles. Elle se manifeste en toute circonstance et les avanies que subissent les Persans qui font le pèlerinage de la Mecque, montrent que les orthodoxes ne désarment pas même dans une cérémonie au cours de laquelle la tradition veut qu'on cesse tout acte d'hostilité.

Pourtant, dans beaucoup de pays musulmans, les orthodoxes ont été autrefois plus ou moins partisans d'Ali, soit à cause de l'impiété des Omeyyades, soit en raison du respect qu'ils professaient pour la descendance directe de Mahomet. Il est bien difficile à un chérif de ne pas conserver une haute vénération pour celui en vertu de qui il tient son prestige et là où une dynastie tire ses titres de sa descendance du

Prophète on est en droit de supposer qu'au fond elle
ne peut qu'être flattée des hommages éclatants rendus à l'un de ses ancêtres. Qui sait si ce n'est pas à ce
sentiment latent que le Chiisme doit d'avoir pu maintenir son existence jusqu'à nos jours.

Quoi qu'il en soit, la doctrine chiite ne semble pas
être appelée à un brillant avenir. Une doctrine nouvelle, le babisme, menace d'envahir la Perse, et, s'il
arrivait que ce pays cessât d'être un état musulman
indépendant, les Chiites, privés dès lors d'un chef
spirituel et temporel, ne seraient plus capables de
supporter la double lutte qu'ils ont à soutenir aujourd'hui, contre l'orthodoxie et le babisme. Il ne
resterait plus que des groupes de Chiites isolés et
sans cohésion et l'islamisme reconquerrait son unité
primitive en ce sens que le schisme serait en quelque sorte réduit à l'état de secte sans importance.

Aussi, bien que sur certains points, les Chiites se
montrent beaucoup plus tolérants que les Orthodoxes, il ne faut pas espérer qu'on puisse tirer parti
de leur doctrine pour faire entrer l'islamisme dans
une voie de transformation plus rapide que celle
qu'il suit aujourd'hui. Peut-être, d'ailleurs, faut-il attribuer à la race plutôt qu'à la religion certaines infractions à la loi coranique que commettent les Persans lorsque, par exemple, ils reproduisent des êtres
animés soit en peinture, soit autrement. Ces manifestations artistiques d'une nature un peu spéciale,
ne sont pas restées localisées en Perse, mais elles

n'ont nulle part pris un grand développement, étouf-
fées qu'elles ont été par la tradition islamique. La
combinaison qui consistait à défigurer l'être représenté, en lui donnant des formes supplémentaires
que la nature lui avait refusées, comme le nombre
des pattes des lions de la cour de l'Alhambra, n'a pas
abouti à créer un genre nouveau dans la décoration
architecturale des monuments arabes et l'arabesque
seule a été l'objet de la préoccupation des artistes
musulmans.

En dehors du grand schisme chiite, l'islamisme a
vu se former dans son sein, des sectes qui s'éloi-
gnent tant de l'orthodoxie qu'elles méritent presque
le nom d'hérésie. La secte des Ouahhabites, qui méconnaît le caractère sacré de Mahomet, est restée
confinée dans le centre de l'Arabie et n'a point es-
saimé hors du Nedjd. Le petit empire qu'elle a créé
a essayé vainement d'étendre son champ d'action, il
y a près d'un siècle ; il n'y a pas réussi.

Une autre secte, celle des Ibadites ou Abadites,
plus ancienne que la précédente, s'est au contraire
répandue surtout au dehors de l'Arabie. Après avoir
fondé des royaumes dans le nord de l'Afrique, elle
ne domine plus maintenant que dans les deux petites principautés de Mascate et de Zanzibar. Ailleurs,
les Ibadites ne constituent plus que de petits groupes isolés perdus dans le milieu orthodoxe. Le dje-
bel Nefousa, dans la Tripolitaine, l'île de Djerba en
Tunisie et le Mzab au sud de l'Algérie, servent au-

jourd'hui de refuge aux Ibadites de race berbère.

Les Ibadites sont volontiers commerçants. S'ils ne craignent pas de quitter leur patrie pour aller là où il y a de l'argent à gagner, il est bien rare que, leur fortune faite, ils ne rentrent point sur le sol natal pour y finir leurs jours. Tant qu'il est au milieu des gens de sa secte, l'Abadite est de mœurs très rigides et très austères, mais, hors de son pays, il en prend plus à son aise.

En Algérie et en Tunisie, les Mozabites et les Djerbis — gens du Mzab et gens de l'île de Djerba, — ont su habilement profiter de l'occupation française pour arriver plus rapidement à la fortune. N'ayant plus à redouter les tracasseries des musulmans orthodoxes, ils ont su tirer parti de la liberté dont ils jouissent pour adopter ouvertement la plupart de nos usages commerciaux, ne reculant pas devant l'escompte ou le prêt à intérêts que la loi musulmane réprouve. Aussi, grâce à leur habileté en affaires et à leur sobriété excessive, sont-ils arrivés à une grande aisance sinon à la fortune. Ils luttent très avantageusement contre leurs concurrents chrétiens ou juifs, dans le commerce de détail et surtout dans celui de la boucherie et des comestibles. Quelques-uns ont même compris qu'une faillite préparée de longue main, était une façon commode de se libérer vis-à-vis de ses créanciers.

Ces puritains, — si on leur donne ce nom qui ne leur convient que dans leur pays d'origine, — s'en-

14

tendent admirablement entre eux, sans avoir besoin pour cela de se concerter à l'avance ou de se lier les uns aux autres, par aucune convention spéciale. Aussi le jour n'est-il pas loin où, par l'accroissement constant de leurs richesses, ils tiendront en quelque sorte entre leurs mains le sort des indigènes orthodoxes. Ces derniers, en effet, quand ils ont besoin d'argent, préfèrent d'ordinaire s'adresser à un Mozabite ou à un Djerbi plutôt qu'à un européen ou à un juif indigène. Déjà l'on a vu de légers conflits éclater entre les orthodoxes et les ibadites quand ceux-ci étaient par trop âpres au gain. Et, détail à noter, les ibadites ont su user du télégraphe et de la presse pour essayer de faire croire qu'ils étaient les victimes de ceux qu'ils avaient exploités.

Dans le monde moderne, la question économique prime tout. C'est elle qui, aujourd'hui, domine partout la politique et elle dominera également la religion quand celle-ci sera liée à la politique comme c'est le cas pour les pays islamiques, Les orthodoxes feront donc sagement de tenir compte de cette circonstance et de hâter dans le sens le plus libéral l'évolution à laquelle ils sont fatalement destinés.

Beaucoup de légères dissidences d'opinions ont déterminé de nombreuses sectes de moindre importance que celles qui viennent d'être indiquées. Aucune de ces sectes n'a ébranlé d'une façon sensible la solidité de l'édifice religieux musulman. La question de savoir si le Corau est éternel ou s'il a été

créé, si l'homme jouit ou non de son libre arbitre,
n'ont jamais réussi à passionner la masse des fidèles
qui estime que les rites du culte sont les choses les
plus essentielles de la religion. Ces querelles subti-
les échauffaient seulement la bile de quelques docteurs en quête de célébrité et ce n'est guère que
dans les hautes sphères du monde savant ou politique qu'on appréciait dans un sens ou dans l'autre la
valeur de ces théories et qu'on s'en faisait une arme
pour combattre ou supplanter ses rivaux.

Les musulmans instruits ne connaissent plus
guère aujourd'hui que le nom de ces sectes, parfois
bruyantes à leurs débuts. Quant aux doctrines sur
lesquelles elles s'appuyaient, on les trouve bien con-
signées dans des traités spéciaux, mais les quelques
personnes qui lisent ces livres, le font plutôt pas cu-
riosité que pour y prendre un réel intérêt.

Toutefois, si peu durables qu'aient été ces agita-
tions, elles étaient certainement provoquées par le
désir de donner à la religion sa forme la meilleure
et la plus pure. Ce sentiment était trop naturel pour
ne pas subsister encore aujourd'hui, mais il se manifeste sous une forme un peu différente. Ce n'est
plus par des conceptions plus hautes et plus raffi-
nées qu'on cherche à assurer le salut des âmes et
l'on espère arriver au même résultat par des pratiques très simples et d'une grande fréquence. Tel
est du moins le système dont font usage les confréries
religieuses dont il va être question maintenant.

XVI

LES CONFRÉRIES RELIGIEUSES
ET LES MARABOUTS

La vie nomade n'est guère faite pour favoriser le développement de l'instruction et la vie sédentaire elle-même ne se prête aux travaux de l'esprit que si elle est à la fois calme et prospère. On ne doit donc pas être surpris que, avant Mohamet, la Péninsule Arabique n'ait eu qu'une culture intellectuelle des plus rudimentaires.

L'islamisme ne put modifier ces circonstances défavorables du jour au lendemain et ce ne fut guère qu'après s'être rendus maîtres des pays voisins, la Syrie surtout, que les musulmans commencèrent à étudier leur langue et leur religion afin de les imposer aux peuples vaincus et de leur faire oublier leurs institutions nationales. La théologie et la grammaire furent naturellement les sujets d'études préférés et mis en honneur, puisqu'il s'agissait avant tout de répandre la foi nouvelle dans la langue même où elle avait été révélée.

Les nouveaux convertis, qui possédaient une culture intellectuelle très supérieure à celle des Arabes, prirent une large part à ces travaux d'exégèse et de linguistique, dont l'importance pratique était incontestable à cette époque où la question religieuse dominait toutes les autres. Mais, comme il fallait s'y attendre, les anciennes croyances de ces musulmans de fraîche date ne s'étaient pas complètement effacées et marquèrent de leur empreinte les doctrines qui s'élaborèrent alors dans le monde islamique pour déterminer les véritables principes sur lesquels était basée la réforme religieuse de Mahomet. Chacun, s'inspirant inconsciemment de son état d'esprit antérieur à sa conversion, imagina un système particulier qui devint souvent le point de départ d'une véritable secte nouvelle, et ces sectes, devenues fort nombreuses, jetèrent le trouble dans les esprits.

Les luttes de ces sectes, les persécutions dont elles furent la conséquence jetèrent un certain discrédit sur les études théologiques. On s'y adonna avec moins de ferveur et le niveau général de l'instruction, dont elles étaient l'élément principal, s'abaissa peu à peu jusqu'au moment où les invasions étrangères et les circonstances politiques qui provoquèrent la décadence de l'empire musulman, enlevèrent aux populations le calme nécessaire aux travaux de l'esprit et privèrent les savants des profits matériels qui, jusque-là, leur avaient permis de se consacrer entièrement à la science. Dans ces conditions, les

14.

sectes qui évoluaient dans le monde des idées perdirent toute influence sur la masse, qui n'était plus
guidée par un nombre suffisant de personnages plus
ou moins instruits donnant en quelque sorte une
forme concrète à ces abstractions dont le sens lui
échappait.

Pourtant, ces divergences d'opinions religieuses
n'avaient point été inutiles aux progrès de l'islamisme, en ce sens qu'elles avaient stimulé sa vitalité.
Aussi, sous peine de périr de langueur, la religion
de Mahomet dut-elle recourir à un nouveau moyen
de ranimer de temps à autre l'ardeur des fidèles. Et,
comme le milieu n'était plus apte à se laisser émouvoir par de hautes spéculations intellectuelles, on en
vint à des moyens d'un caractère moins relevé, mais
plus pratique, et la confrérie se substitua alors à la
secte.

La confrérie ne vise pas à interpréter la religion
dans ses diverses conceptions; elle se contente de
lui fournir de nouvelles pratiques qui permettront
au fidèle de mieux assurer son salut dans l'autre
monde. Elle emploie pour cela un moyen fort simple
qui consiste à répéter fréquemment une formule
très courte facile à retenir. Grâce à cette oraison,
l'adepte acquiert à la fois une plus grande certitude
d'obtenir la félicité suprême et une protection matérielle en ce monde, car chacun des membres d'une
confrérie doit aide et assistance à tous ceux qui sont
affiliés au même ordre que lui.

Chaque fois qu'un adepte récite les mots ou courtes phrases qui constituent l'oraison propre à son ordre, il se rappelle les engagements qu'il a pris vis-à-vis de ses confrères, et à ces moments, qui sont toujours très fréquents dans la même journée, il a conscience qu'il est membre d'une grande association ; son amour-propre est flatté d'être quelque chose, sinon quelqu'un, parmi ceux qui l'entourent, et ce sentiment de vanité le rend plus dévoué à son ordre et accroît de jour en jour son ardeur pour la dévotion. La confrérie religieuse musulmane moderne ressemble, à s'y méprendre, à une loge maçonnique reposant sur une base religieuse déterminée.

Point n'est besoin d'être grand clerc pour fonder une confrérie religieuse. Il suffit tout d'abord d'afficher une piété excessive et de savoir tirer parti de certaines circonstances, de façon à laisser croire qu'on possède le don de faire des miracles ou simplement de prédire l'avenir. La réputation de piété bien assise, il n'y a plus qu'à déclarer qu'on a reçu mission de faire connaître aux hommes une formule d'oraison appelée *dikr* et d'établir que cette oraison, imaginée par un illustre personnage des temps anciens, a été transmise par une série de pieux intermédiaires à un dernier saint, qui la lui a révélée au cours d'un songe ou d'une vision.

. Un des principaux soucis du fondateur d'une confrérie est d'établir la chaîne ininterrompue des intermédiaires qu'il invoque pour la transmission de la formule sacramentelle. Quant à la formule sacramentelle elle-même, elle est d'une simplicité telle que chacun peut la composer en quelques instants, et elle ne doit son efficacité qu'à la vénération dont jouissait celui qui en est réputé l'auteur et qui forme le point de départ de la chaîne dont il vient d'être question.

La croyance générale est que depuis Mahomet aucune révélation du ciel ne pourra être faite directement à l'homme. Mais les hadits admettent que certains avertissements de Dieu ou du Prophète peuvent toujours être transmis en songe. Nul ne peut donc s'étonner qu'un fondateur de confrérie annonce que sa mission lui a été confiée durant son sommeil.

Ce qui caractérise la confrérie, c'est qu'elle n'implique nullement l'adhésion à une doctrine nouvelle. Ce qu'elle impose, c'est uniquement l'adoption d'une pratique pieuse originale grâce à laquelle on se rapproche plus facilement de la Divinité et l'on obtient une place plus haute dans les degrés du Paradis. Cette pratique n'exige qu'un effort matériel de l'affilié et, si bornée que soit son intelligence, il est à même de saisir la nature et la portée des actes qu'on lui demande d'accomplir.

La religion musulmane a-t-elle tiré grand profit de la multiplication du nombre des confréries religieuses? Il est difficile de répondre d'une façon catégorique à cette question. Cependant, il est permis de croire que tout groupement de fidèles dans une action commune avive la foi religieuse, et que, sous ce rapport, les confréries ont été favorables à la vitalité de l'islamisme. Mais, d'un autre côté, il est bien certain que l'introduction de cet élément nouveau a, entr'autres choses, favorisé le culte des saints et provoqué ainsi une altération des croyances primitives. Or, toute innovation dans le domaine religieux peut avoir cette fâcheuse conséquence d'en autoriser d'autres, et, de proche en proche, on en arrive ainsi à si bien modifier les choses qu'on finit par édifier un système nouveau qui supplante l'ancien.

Les groupes formés par les confréries n'ont pas toujours résisté au désir de faire de la politique militante. Les prétendants au trône du Maroc, en particulier, ont souvent fait appel à l'influence des chefs de confréries pour les aider dans leurs entreprises. Aussi, n'est-il pas étonnant qu'une de ces confréries ait essayé autrefois d'usurper le pouvoir souverain au milieu des troubles qui accompagnent presque toujours l'avènement d'un nouveau prince et qu'on voie de nos jours le souverain du Maroc chercher à se concilier l'appui de tel ou tel chef de confrérie.

Cette ingérence des confréries religieuses dans le domaine politique a créé de profondes rivalités entre elles, en sorte qu'elles sont plutôt un élément de discorde qu'un moyen d'unir les esprits dans une pensée commune et d'élever les âmes au-dessus des préoccupations de la vie terrestre. La concurrence

qui s'est établie entre elles les a amenées à accroître
leur influence par des moyens qui n'ont rien de bien
canonique. Chacune d'elles a compris la puissance
que confère une bourse bien garnie. Elle n'attend
plus, aujourd'hui, qu'on lui apporte des offrandes,
elle va elle-même les demander. Sans doute, malgré
cela, il existe encore des adeptes qui ne donnent
rien, mais le nombre en est tout à fait insignifiant,
tandis qu'on voit des milliers de pauvres diables
jeter sans hésiter le produit d'une semaine ou d'un
mois de travail dans la bourse d'un moqaddem de sa
confrérie. Ces appels de fonds irréguliers et largement espacés autrefois ont une tendance à revenir
avec une périodicité régulière et de plus en plus fréquente, et c'est par centaines de mille francs que se
chiffre le montant d'une de ces quêtes, appelées
ziara, quand le chef de la confrérie prend la peine
de se déplacer lui-même.

Une partie des fonds ainsi recueillis est sans doute
distribuée en aumônes ou employée à assurer l'hospitalité de ceux qui viennent faire leurs dévotions à
la zaouïa qui abrite le tombeau de fondateurs de la
confrérie; mais la majeure partie de ces sommes
reste comme une sorte de dotation sur laquelle on
prélève de quoi assurer un rang convenable au
personnel officiant de la confrérie et aussi de quoi
faire des largesses occultes dans un but d'intérêt général. Ces fonds secrets menacent de jouer
un rôle de plus en plus prépondérant et c'est

grâce à eux que l'influence cléricale a pu prendre naissance dans certains pays musulmans, le Maroc entr'autres.

Les muftis, les imams, qui forment pour ainsi dire un clergé régulier, n'ont aucune influence en dehors de celle que leur confèrent leurs mérites personnels. Leur intervention dans le domaine politique ou administratif est le plus souvent inefficace parce qu'ils ne disposent ni de la ressource de la ziara ni de la force morale que donne à tout chef de groupe une masse imposante d'adhérents.

Les ordres religieux n'ont pas tous le désir de jouer un rôle en dehors du domaine religieux, mais les nécessités de la lutte pour l'existence les obligeront un jour ou l'autre à invoquer l'aide ou l'appui des laïques, et ceux qui ne consentiront pas à user de cet élément de succès s'affaibliront sans cesse jusqu'au moment où ils disparaîtront à tout jamais. Ce sont surtout les plus anciennes confréries qui sont menacées par les plus récentes qui, elles, se rendent mieux compte des obligations nouvelles que les circonstances leur imposent. C'est ainsi qu'on voit au Maroc telle confrérie récente s'aider nettement de l'appui des Anglais, tandis que telle autre a cru trouver plus de profit à se placer sous la dépendance morale de la France.

Pour que de tels faits se produisent ostensiblement, il faut bien admettre que ces confréries religieuses n'entendent pas borner leur action à de simples actes de piété, et l'on se demande si les étrangers non musulmans auxquels elles s'adressent ont vraiment un intérêt réel à accepter un patronage qui ne saurait avoir d'autre résultat que d'amoindrir ceux qui en sont l'objet ou d'aggraver les conflits qui peuvent se produire avec l'autorité locale du pays.

Dans les contrées où les musulmans relèvent de l'autorité des Européens, il y a danger à laisser les confréries sortir de leur rôle spirituel, et l'on doit chercher à restreindre leur action et leur développement en évitant, toutefois, de laisser croire à une persécution véritable. Du moment qu'aucune d'elles ne jouira d'aucun crédit spécial, elles perdront peu à peu de leur vitalité et aucun effort particulier ne sera utile pour hâter leur décadence naturelle. Quant à essayer de favoriser alternativement telle ou telle confrérie pour en combattre une autre, c'est un moyen qui n'est permis qu'à une puissance musulmane, et encore ce système offre-t-il de grands dangers, car ce jeu de bascule exige une habileté de main dont peu de gens sont capables.

Le temps, quoi qu'on fasse d'ailleurs, finira toujours par accomplir son œuvre de transformation. Le plus sage est donc, si l'on veut éviter les moyens violents, de laisser les choses suivre leur cours en profitant, chaque fois qu'il sera possible, des circonstances favorables, afin, soit d'enrayer les progrès des confréries, soit d'en diriger la marche, de façon à ce

qu'elles usent elles-mêmes leur crédit. Cette direction occulte d'une confrérie religieuse semble
étrange au premier abord, mais comme, en somme,
elle ne se traduit ouvertement que par une facilité
plus ou moins grande accordée pour percevoir la
ziara, elle se pratique sans la moindre difficulté.

Dans un pays purement musulman, les confréries
peuvent, à la rigueur, être considérées comme des
soupapes de sûreté qui empêchent l'islamisme de se
transformer brusquement sous la poussée de quelque
novateur éloquent et hardi. C'est évidemment à cause
du conflit de toutes ces confréries qu'aucun mahdi
n'a trouvé le terrain assez bien préparé pour prêcher
une véritable réforme analogue à celle du protestantisme en France. Grâce à la croyance commune, le
fidèle a déjà un grand espoir d'assurer son salut, et,
s'il peut ajouter à cela les nouvelles chances que lui
offre la pratique rituelle d'une confrérie, on se
demande pourquoi il chercherait à modifier cette
situation, qui est aussi rassurante que possible pour
son bonheur éternel.

Du reste, en favorisant le culte des saints, la confrérie fournit aux fidèles une facilité plus grande de
se mettre en communication avec la puissance
céleste. Si quelques esprits élevés se font de Dieu
une idée telle qu'ils le supposent capable de s'inté-
resser au sort de tous les hommes à la fois, la masse
est portée à croire que de temps à autre les saints,
dont la clientèle est limitée, sont tout disposés à

15

intervenir auprès de l'Etre suprême afin qu'il ne laisse pas de côté tel ou tel de ceux qui s'adressent à eux pour leur servir de protecteurs. Les recommandations produisent toujours leur effet en ce monde, et il est tout naturel qu'une âme simple s'imagine qu'il en doive être de même parmi ceux qui régissent le monde invisible éternel.

Sans doute, on peut admettre que le culte des saints n'a été institué dans l'islamisme que par ceux des nouveaux convertis qui, dans leur religion antérieure, possédaient déjà cette forme d'intervention religieuse pour modifier les rigueurs de la Fatalité. Mais il n'est pas absolument nécessaire de recourir à cette hypothèse pour expliquer l'habitude générale qu'ont les hommes de chercher à se concilier les faveurs de ceux qui disposent du pouvoir. Pour les choses mondaines, on s'adresse tout naturellement aux personnages vivants, tandis que pour les choses extra-terrestres il est tout indiqué de s'adresser à ceux qui sont morts en odeur de sainteté ou encore aux êtres invisibles qu'on suppose être à la fois en rapport avec les hommes et la divinité. Parfois même on se contente de toucher des choses qui ont été ou sont supposées être en contact avec ces êtres invisibles ou disparus à tout jamais.

Le nom de *maraboutisme*, sous lequel on désigne aujourd'hui la tendance générale des musulmans à accepter définitivement le culte des saints, semble bien indiquer le point de départ initial de cette évolution caractéristique de la foi islamique. A l'origine, on donnait le nom de *moràbit* — d'où nous avons fait marabout — à de pieux musulmans qui se dévouaient corps et âme à la défense de leur religion. Installés dans des sortes de couvents forteresses, ils prenaient les armes contre tout agresseur du pays musulman et passaient en prières tout le temps pendant lequel l'ennemi ne les menaçait point. La ville de Sousse, en Tunisie, possède un de ces couvents dits *ribàt* qui n'a pour ainsi dire subi aucune modification depuis dix siècles. On y voit encore les cellules habitées par les moràbit et la salle qui leur servait de mosquée.

Ces moines guerriers, dont le chevalier de Malte donnait une image assez exacte, n'étaient point voués au célibat. Leur descendance put donc bénéficier du dévouement dont ils avaient fait preuve pour la défense de l'islamisme et il se créa ainsi une sorte de noblesse religieuse, inférieure sans doute à celle de la noblesse chérifienne, mais cependant jouissant d'un grand prestige dans le milieu où elle avait pris naissance et où elle s'était implantée. Il va sans dire que le rôle joué, soit dans les combats, soit dans la vie privée, par le moràbit entrait comme un facteur important dans la considération qui s'attachait à ses descendants.

Si, en principe, tous les marabouts, qui sont honorés des fidèles, sont issus de ces moines-guerriers, il n'est cependant pas absolument nécessaire d'avoir une telle origine pour devenir un saint; une piété excessive, avec un fort grain d'originalité ou de folie, suffit aujourd'hui pour mériter la vénération tout d'abord des masses ignorantes et, plus tard, de tous les fidèles sans distinction.

Quelle que soit sa lignée, qu'il ait ou non fondé une nouvelle confrérie, le marabout devient l'objet d'un culte analogue à celui rendu aux saints chez les chrétiens, par exemple. Son tombeau sert de but à un pélerinage annuel ou sorte de pardon, en dehors des visites quotidiennes et isolées que chacun lui fait pour obtenir la réalisation d'une espérance ou pour écarter un danger dont il est menacé. Les ex-voto s'accumulent auprès du catafalque qui contient les restes du personnage ainsi vénéré et le gardien du monument reçoit de nombreuses offrandes en argent qu'il emploie comme il l'entend, mais en ayant soin, toutefois, d'en répandre une partie sous forme d'aumônes. Outre la chapelle où reposent ses cendres, le marabout en renom jouit du privilège d'avoir, dans diverses localités, des monuments placés sous son vocable et qui portent le nom de *Qoubba* quand ils sont recouverts d'un dôme, de *maqam* ou de *haouïta* quand ils sont à ciel ouvert. Tous ces sanctuaires de second ordre n'ont pas les mêmes vertus que le tombeau proprement dit; cependant on y va aussi prier quand on a quelque chose à demander et que l'on espère que le saint vous viendra en aide. Le marabout qui, de son vivant, avait le don de faire des miracles, conserve naturellement ce privilége après sa mort. Ces miracles, toutefois, portent un nom spécial, celui de *kerâma*, qui laisse entendre que le saint n'opère pas lui-même un acte surnaturel, mais qu'il le provoque de la part de Dieu qui, en cette circonstance, lui laisse l'honneur de l'avoir accompli.

Les hommes ne sont pas les seuls à s'élever au-dessus de la condition commune des mortels et à participer, si l'on peut ainsi dire, de la nature divine. Il y a également des femmes qui sont de véritables saintes ou maraboutes. Dans un monde où la femme passe pour un être inférieur, un pareil hommage rendu à des personnes du sexe faible paraît assez singulier. Mais, d'une part, on peut admettre que les premières saintes étaient les filles de quelque marabout mort sans laisser de postérité mâle, et, d'autre part, il existe chez les Arabes, comme chez tous les autres peuples, des femmes qui n'ont rien de ce qui est habituel à leur sexe en dehors de leur conformation physique. Si, à cette première excentricité de leur conduite, elles joignent des marques extérieures d'une grande dévotion et un grain d'originalité voisin de la folie, elles sont assurées de trouver place parmi les personnalités maraboutiques.

Ce n'est qu'assez tard que de savants médecins ont reconnu que l'aliénation mentale était déterminée par des lésions du cerveau ou de la moelle épinière. Auparavant, le peuple, en tous pays, croyait que la folie était due à la présence d'esprits malins qui hantaient le corps de l'homme. Partant de cette hypothèse, les musulmans estiment que ces esprits malins sont des génies, les uns bons, les autres méchants, qui, soumis aux ordres de la Divinité, vont habiter les corps de ceux que nous appelons des fous. Et comme Dieu ne saurait rien faire sans un but bien déterminé, la question s'est posée de savoir si, malgré leur apparence, ces actes extravagants ou ces paroles incohérentes n'étaient pas destinés à servir d'avertissements aux hommes.

Dans l'impossibilité de s'assurer si le possédé était en proie à un bon ou à un mauvais génie, s'il fallait voir dans ses paroles ou dans ses actes des choses à imiter ou non, les musulmans prirent le parti de témoigner les mêmes égards à tous ceux dont la raison est manifestement troublée. Non seulement ils les traitèrent avec toute l'humanité qui est due à un être souffrant ou malheureux, mais ils allèrent même jusqu'à accepter sans murmurer toutes leurs extravagances et à les vénérer à l'égal des plus pieux personnages. Ils firent si bien que la folie devint pour ainsi dire, à leurs yeux, une des étapes qui mènent à la sainteté.

A côté de ces génies incarnés, il en est d'autres qui gardent toute leur liberté et restent invisibles aux hommes au milieu desquels ils évoluent sans cesse. Portés pour la plupart au mal, plutôt qu'au

bien, ils cherchent à détourner le fidèle de ses devoirs et forment la masse des suppôts du démon.
Contre ces ennemis, dont le plus souvent il ne soup-
çonne pas la présence, le musulman cherche un
secours dans la prière. Les versets du Coran, et en
particulier les deux dernières sourates, sont d'excellents moyens d'écarter ces démons tentateurs; mais,
d'ordinaire, on emploie plus volontiers le talisman
ou l'amulette. Un grimoire plus ou moins bizarre,
des noms de prophètes et des mots empruntés au
Coran sont les éléments ordinaires de ces amulettes
que l'on porte sur soi ou même que l'on fait porter
aux animaux auxquels on tient.

Ces chiffons de papier, outre leur rôle de scapu-
laires, servent encore de remèdes et de philtres.
Dans ce cas, ils entrent souvent à l'état de cendres
dans des potions que l'on absorbe à des heures
minutieusement calculées et avec un cérémonial
souvent fort compliqué. Le personnel qui fait office
de clergé musulman ne joue aucun rôle dans ces
sortes de superstitions. Le fabricant d'amulettes est
toujours un pauvre diable qui spécule sur la crédulité de ses coreligionnaires en affirmant l'efficacité
de ses formules, qu'il dit avoir trouvées dans d'anciens documents libellés par d'illustres magiciens.

La superstition est partout une des formes populaires de la religion. Elle permet aux âmes simples
et naïves de se représenter, sous une apparence concrète, des principes abstraits qu'elles sont incapables

de comprendre. C'est par là qu'elle fortifie le sentiment religieux plus qu'elle ne le détruit. Aussi,
l'affaiblissement des pratiques superstitieuses cons-
titue-t-elle un premier pas vers le scepticisme, qui
tue à coup sûr toutes les religions. Les musulmans
semblent s'être rendu compte de cette conséquence
d'une lutte trop active contre les superstitions, et ils
ne les ont jamais combattues qu'assez mollement. Il
est vrai d'ajouter que, malgré les progrès de la science,
il faut renoncer le plus souvent à convaincre l'homme
superstitieux de l'inanité de ses croyances.

XVII

DES CÉRÉMONIES EXTÉRIEURES
DU CULTE

L'amour du changement est inhérent à la nature de l'homme, mais il n'est pas indispensable que ces changements soient profonds pour qu'ils suffisent à satisfaire les âmes communes. En matière religieuse, comme en toute autre chose, on finit par être blasé sur tout ce qui revient avec une perpétuelle monotonie. Les habitudes prises forment bien un léger correctif à cet état de choses, mais l'âge et les circonstances extérieures ne permettent pas de subir indéfiniment les obligations imposées par l'effet de cette seconde nature.

La religion musulmane, malgré son apparente immobilité, n'a pas cessé, depuis son origine, elle aussi, d'être l'objet de modifications plus ou moins légères qui ont réveillé l'ardeur des fidèles en lui fournissant l'attrait de quelque élément nouveau. En dehors du soufisme en Orient et des confréries religieuses en Occident, on a cherché, dans ces dernières années, à donner aux cérémonies du culte un caractère décoratif qu'elles n'avaient pas à l'origine. La prière du vendredi, les offices des grandes fêtes, le mariage, les funérailles, la circoncision, les rogations se font aujourd'hui avec un certain apparat qui revêt un caractère pompeux de plus en plus accentué.

Cette tendance à développer les pratiques extérieures du culte et à en rendre la manifestation plus importante aux yeux de la foule, est gênée dans son expansion par certaines prohibitions formelles auxquelles il est malaisé de se soustraire. Cependant ce mouvement, si lent qu'il ait été, continue à se produire et, plus tard sans doute, il finira par renverser les barrières qu'il a jusqu'ici respectées.

La défaveur dont est frappée la musique, s'oppose encore à l'introduction de véritables chants dans les cérémonies canoniques. Et pourtant les psalmodies de certains poèmes religieux, dont l'usage se répand de plus en plus, constituent une première atteinte portée à la prohibition de cet art essentiellement profane. Et d'autre part, les Arabes n'ayant point de théâtre, n'ont pu avoir. comme ailleurs, une tentation aussi grande d'encadrer leurs offices dans une sorte de décor qui en rehausserait l'éclat. Aussi, n'ont-ils pas encore d'orgues qui emplissent de leurs sonorités les nefs des mosquées, ni de chœurs d'enfants à la voix féminine contrastant avec la voix grave des prêtres ; ils ne connaissent pas non plus ces dé-

filés soigneument réglés, dans lesquels des personnages revêtus de brillants costumes, se meuvent
avec gravité ; ils n'ont pas de fleurs, pas d'encens,
pas de lumières brillantes disposées avec art pour
éclairer les officiants et laisser dans la pénombre la
masse des fidèles dont l'imagination se trouve ainsi
frappée plus vivement.

Pour arriver à un pareil éclat dans leurs cérémonies religieuses, les musulmans devront non-seule-
ment en prendre plus à leur aise avec certains
textes sacrés, mais aussi avoir un clergé mieux
défini que celui qu'ils possèdent actuellement. En
attendant ce moment, si tant est qu'il soit désirable
et qu'il doive se produire, les actes religieux s'accomplissent encore avec beaucoup de simplicité
dans l'islamisme. Chacun agit avec une entière indépendance, ce qui occasionne avant l'office une certaine confusion. Puis la cohue, d'ailleurs silencieuse,
se calme comme par enchantement, et c'est dans un
silence parfait et avec un pieux recueillement que la
cérémonie commence et s'achève, qu'elle ait lieu à
la mosquée ou dans un mosalla en plein air. L'effet
produit par ces hommes, qui exécutent tous à la fois
les mêmes mouvements et qui n'interrompent leur
silence que par quelques formules pieuses prononcées à mi-voix, est peut-être plus impressionnant
que ne le serait un spectacle agencé d'une façon
plus théâtrale.

Banni des solennités religieuses, le luxe s'est reporté sur les fêtes mondaines. Là seulement, le chant, la musique, les fleurs et les parfums apportent leur contingent pour charmer et ravir les esprits. Cependant les confréries religieuses ne dédaignent point de se servir de ces moyens profanes pour rehausser l'éclat des réunions qu'elles imposent à leurs adeptes. Quelques-unes y ajoutent de véritables spectacles, telles sont, par exemple, les jongleries des Aïssaouas. Mais cette innovation ne leur a été possible qu'à cause du personnel spécial qui les administre. En effet, le khalifa ou le moqadem ont une sorte de caractère sacré qui n'appartient pas au reste des adeptes, car c'est eux qui confèrent l'imitation, un sacrement pour ainsi dire. Grâce à ce prestige dont ils jouissent, les chefs des confréries religieuses n'ont donc point à craindre d'encourir le reproche d'impiété ou de sacrilège lorsqu'ils contreviennent à des prescriptions qui, au au fond, ne sont pas des bases essentielles de la religion et c'est là un avantage dont ils tirent parti dans l'intérêt des associations qu'ils dirigent.

La simplicité primitive des pratiques du culte islamique a eu un double objet. D'une part, elle était destinée à mieux accentuer extérieurement la différence qui séparait la nouvelle religion de la religion précédente et, d'autre part, à montrer que l'islamisme était bien d'essence divine puisqu'il n'avait pas besoin de recourir à des manifestations grossières dues à la vanité humaine. Seules, les cérémonies du pèlerinage, que des considérations d'ordre politique avaient fait conserver, avaient permis aux premiers musulmans de se livrer une fois par an à des pratiques où le devoir religieux était accompli au milieu d'actes compliqués, dont le spectacle était surtout destiné à frapper leur imagination.

Les sémites s'accommodent assez volontiers de l'extrême simplicité de la religion, mais les populations d'une autre origine, chez lesquelles l'islamisme s'est répandu, n'ont pas toujours partagé cette façon d'apprécier les choses. Aussi, est-ce en dehors de l'Arabie que l'on constate la tendance à introduire des rites plus compliqués que ceux institués par Mahomet. Et il faut ajouter que bien des traditions des anciennes religions, ont laissé des traces plus ou moins profondes, que l'islamisme n'est pas toujours parvenu à faire complètement disparaître.

Ces survivances des anciennes traditions demeurent d'ordinaire sous la forme de simples superstitions. Cependant, il arrive qu'elles se greffent sur certains rits au point d'en faire partie intégrante, et c'est surtout à ce fait qu'il convient d'attribuer les légères divergences que l'on constate dans quelques-unes des pratiques du culte quand on passe d'un pays à un autre.

Il est bien certain que les Persans, par exemple, n'ont pas trouvé dans le fonds islamique la moindre indication sur laquelle ils puissent justifier les cérémonies dites *taaziyé*. Ces spectacles, dans lesquels on représente, à la façon des mystères du Moyen-Age, les événements douloureux qui ont accompagné le meurtre de Hoseïn, le fils d'Ali, à Kerbela, ont un véritable caractère religieux et constituent une manifestation du culte plutôt qu'une forme primitive de l'art théâtral. Cette combinaison qui unit dans un même sentiment un acte religieux à des actes profanes, a sa source évidente dans le tempérament spécial de la race persane qui a transporté dans le domaine de la religion le faste et la pompe dont elle aimait à entourer le pouvoir souverain.

Les Ibadites et les Ouahhabites, dont les sectes puritaines se sont développées dans l'Arabie même, ont agi en sens contraire. Pour ces hommes du désert, à l'indépendance farouche, nul n'a droit à des égards spéciaux et les honneurs rendus au chef semblent un signe de servitude et de bassesse. Au moment du combat ils consentent à obéir parce qu'ils sentent bien que c'est le seul moyen d'assurer la victoire, mais la lutte terminée, chacun reprend sa liberté d'action et se croit l'égal de celui dont il avait un instant accepté la tutelle.

Ces puritains égalitaires ont imaginé de rendre à l'islamisme sa forme primitive aussi bien comme culte que comme croyance. A leurs yeux, Mahomet n'a droit à aucune vénération particulière. Dieu lui a, il est vrai, donné une mission spéciale, mais, cette mission achevée, le Prophète n'a plus été qu'un bon musulman comme tous les autres et il doit donc ren-

trer dans le rang d'où il n'était sorti que pour diriger la lutte contre les infidèles. Toutefois, en dépit
de leur rigorisme apparent, les puritains musulmans en prennent à leur aise avec certains principes
de la religion, et si nombre d'entre eux prohibent
l'usage du tabac ou du café sous prétexte qu'ils sont
complètement interdits par le Coran, ils ne craignent pas en revanche de pratiquer le prêt à intérêts, voire même l'usure, bien que le Coran soit plus
affirmatif sur ce point.

Cette singularité s'explique cependant d'une façon
assez naturelle. Honnis de leurs coreligionnaires
orthodoxes, souvent même persécutés par eux, les
puritains ont éprouvé de grandes difficultés pour
gagner leur pain quotidien. Il leur a donc fallu user
de moyens peu canoniques dont ils se seraient abste-
nus vraisemblablement dans d'autres circonstances.
Et, comme malgré cela, il ne leur était pas toujours
possible d'assurer leur existence matérielle, ils ont
pris l'habitude de s'expatrier pendant un temps plus
ou moins long afin d'aller chercher au dehors les
biens qu'ils ne pouvaient pas se procurer dans leur
propre patrie. Les mozabites algériens et les djerbis
tunisiens, bien qu'ils soient aujourd'hui assurés
d'une entière protection, continuent à pratiquer ce
système d'émigration et quelques-uns d'entre eux
ont su amasser de véritables fortunes.

Tous les efforts faits en vue de supprimer l'éclat
des cérémonies religieuses n'ont aucune chance

de succès. La masse des fidèles se laissera toujours séduire par la pompe extérieure qui donne aux sens une première satisfaction dont la répercussion ne tarde pas à se faire sentir dans l'esprit. Aussi, en dépit de leurs principes, les plus rigoristes en viennent-ils peu à peu à laisser les choses évoluer vers cette tendance toute naturelle. Tant que l'islamisme a vécu isolé ou à peu près de toutes les autres religions, il n'a pas senti le besoin de célébrer ses rites avec un grand apparat, mais depuis que les autres cultes se pratiquent plus librement en pays islamique, les fidèles croyants ne voient pas sans un certain sentiment d'envie les magnificences que déployent ceux qu'ils considèrent comme des mécréants. On a beau blâmer ou haïr le luxe en théorie, on est toujours, malgré soi, porté à en admirer les manifestations qui sont une des formes plus ou moins pures de l'art ou du beau. Si tyrannique que soit une religion, elle n'arrivera jamais à étouffer l'amour instinctif que l'homme a pour ce qui fait la joie et le plaisir de ses sens.

Jusqu'ici les mosquées ont surtout profité de ce besoin de luxe dont on aime à entourer les choses qui vous tiennent au cœur. Les colonnes de marbres précieux, les bois finement sculptés des chaires on depuis longtemps remplacé les troncs de palmiers et l'estrade grossière des premiers jours. Les nattes font souvent place à de riches tapis, les murs se décorent de dentelles, de stuc ou d'inscriptions orne-

mentales fournies par le texte sacré du Coran. Les
tombeaux des saints sont recouverts d'étoffes pré-
cieuses et les ex-voto y prennent de plus en plus
une place importante. Le décor se complique et
s'embellit en attendant que les figurants se parent
de beaux costumes et se meuvent en élégantes théories.

Plus tard, si l'on n'abuse par trop de l'élément
théâtral, on s'en blasera peu à peu et on reviendra à
des pratiques plus simples dont la nouveauté apparente constituera un véritable attrait. En ces matières, quoi qu'on fasse, il se produira toujours un jeu
de bascule analogue à celui que la mode amène dans
la forme des vêtements qui, tour à tour sont simples, étriqués, amples ou surchargés d'ornements.

Les musulmans n'ont pas encore adopté de vêtements sacerdotaux pour les cérémonies religieuses.
Chacun conserve son costume habituel et la forme
ou la hauteur du turban sert plutôt à distinguer
ceux qui par leur science ont mérité un grade analogue à celui de docteur dans nos facultés que ceux
qui dirigent un des exercices du culte. L'uniforme
d'ailleurs n'a guère de chances de s'implanter chez
un peuple qui jusqu'ici paraît peu enclin à estimer
la régularité et la symétrie en quelque matière que
ce soit.

L'absence générale des femmes aux offices a contribué pour une large part à maintenir la simplicité
qui règne dans les mosquées. Même quand elles

viennent assister à quelque cérémonie elles voilent
non seulement leur visage, mais même leurs cos-
tmes plus ou moins élégants sous des draperies
blanches qui les recouvrent à la façon de ces hous-
ses uniformes qui, chez nous, dérobent aux regards
les riches tapisseries de nos meubles en dehors des
jours de gala. L'attention des fidèles n'a donc pas
besoin d'être détournée de ce spectacle par la splendeur du costume des officiants, et, d'autre part, la
coquetterie masculine ne s'éveille pas au contact de
femmes toujours peu nombreuses et le plus souvent
d'un âge respectable.

Tant que les femmes resteront à l'écart des hommes dans toutes les réunions mondaines ou religieuses, le monde musulman conservera cette gravité
extérieure qui imprime à leur fête un cachet si singulier, qu'on se demande si la joie ou le plaisir n'en
sont pas systématiquement exclus pour faire place
à une sorte d'hébétude hypnotique. De temps à autres, quelques femmes riches et de haute naissance
ont essayé de se soustraire à la réclusion et à l'isolement dont elles sont l'objet, mais il n'y a eu jusqu'à
présent que des cas isolés et le mouvement qu'elles
cherchent à provoquer n'a pas encore réussi à s'é-
tendre à la classe moyenne.

Toutefois, en Algérie, où les Européens, dans les
villes surtout, sont de plus en plus mêlés aux indigènes, on commence à rencontrer de jeunes hommes qui ne craignent pas de laisser voir leurs fem-

mes à des amis chrétiens dont l'honorabilité leur est bien connue. Ce premier progrès est sans doute peu de chose, et le plus important et le plus difficile à obtenir sera que le mari arabe autorise sa femme à sortir plus librement, à faire des visites et à assister à des repas ou à des soirées.

Les anciens ne manqueront pas de fulminer contre ces innovations qu'ils qualifieront de diaboliques et de déclarer qu'une bonne musulmane, en les pratiquant, risque son salut éternel. Cependant s'ils entrevoyaient là, la possibilité de réchauffer le zèle religieux, en permettant d'accroître l'attrait des cérémonies religieuses d'abord par une affluence plus considérable aux offices, ensuite par le décorum que provoquerait la présence de l'élément féminin, ils trouveraient aisément des textes pour justifier les pratiques nouvelles. Ce sont les mœurs plutôt que la religion qui ont empêché les femmes de jouir d'une plus grande liberté et il est toujours moins aisé de braver l'opinion publique établie que de contrevenir à une prescription religieuse qui ne touche pas aux bases essentielles de la foi.

Au point de vue social, le retour aux errements primitifs, qui encourageaient les femmes à venir prier à la mosquée en même temps que les hommes, aurait de très heureuses conséquences, car il finirait sûrement par amener un rapprochement entre les familles musulmanes et les familles européennes qui, en l'état actuel, ne peuvent guère entrer en re-

lations suivies. Or, en tous pays, la femme a des
idées moins arrêtées que l'homme et se laisse plus
facilement que lui entraîner à changer sa façon de
vivre habituelle. C'est par leurs femmes que les Juifs
algériens ont été amenés si rapidement à changer de
costume et d'habitudes. On avait eu l'heureuse idée
d'inviter aux soirées officielles quelques-unes des
plus riches juives. Revêtues de somptueux costumes, parées de superbes bijoux, elles restaient assi-
ses sur leurs chaises, contemplant d'un œil curieux
les toilettes de nos danseuses, les égards que leur
témoignaient les danseurs, la plupart sémillants
officiers aux brillants uniformes. Rentrées chez
elles, elles racontèrent à leurs amies le splendide
spectacle qu'elles avaient eu sous les yeux et bientôt
elles s'adressèrent à nos couturières afin de pouvoir
se mêler à ceux qu'elles n'avaient vus que d'un peu
loin. Les maris ne suivirent leur exemple qu'assez
longtemps après lorsque leurs femmes, habillées à
la dernière mode, éprouvèrent une certaine honte à
se promener avec des hommes vêtus à l'orientale.
Souvent même, on vit dans les rues les jeunes filles
dont les parents avaient conservé le costume national marcher en avant, assez loin d'eux pour laisser
croire qu'elles n'étaient pas en leur compagnie.
Bientôt aucun fiancé ne fut admis à faire sa cour s'il
n'était vêtu à l'européenne. Les cérémonies du culte
israélite se ressentirent, elles aussi, de cette transformation.

Comme on peut en juger par ce qui précède, il y a eu une répercussion réciproque, assez sensible dans les pratiques extérieures, de la religion sur les mœurs, et la religion musulmane ne saurait se soustraire à cette évolution naturelle et si, dans cet ordre d'idées il n'y a eu qu'un faible mouvement, la cause en est à l'administration déplorable des gouvernements musulmans. La cupidité de leurs agents est telle que celui qui possède quelque argent n'en peut pas faire usage librement sous peine de se voir spolier à bref délai. Dans ces conditions, le luxe extérieur devient impossible et nul n'arrive à jouir de ses richesses, qu'à la condition de les employer à l'intérieur de sa maison et d'une manière pour ainsi dire occulte. Par la conquête directe ou le protectorat, l'Europe a assuré à la plupart des musulmans la paisible possession de leurs biens et détruit ainsi un des principaux obstacles, sinon le seul, qui s'opposait à la transformation des mœurs et par suite à celle de la religion.

XVIII

CONCLUSION

La religion n'est plus, si toutefois elle l'a jamais été, la cause principale de la transformation sociale d'un peuple. Son rôle se borne à servir de frein ou d'excitant, suivant les circonstances. Elle crée sans doute des mouvements d'opinion et les arrête quand elle le juge nécessaire, mais, aussi bien dans un cas comme dans l'autre, elle agit surtout sous la pression d'événements à la production desquels elle est presque toujours étrangère. Sa véritable force n'existe, semble-t il, qu'autant qu'elle est à l'*état naissant*; alors seulement elle exerce une véritable action personnelle sans laquelle, du reste, il lui eut été impossible d'assurer son existence.

A ce moment, la foi est capable de transporter les montagnes, suivant l'expression consacrée. Cependant même alors qu'elle tient le mieux les esprits en sa puissance, elle ne fait en réalité que s'approprier les anciennes coutumes en les modifiant d'une façon insensible, les débadtisant, pour ainsi

dire, plutôt que les transformant. Plus tard, elle en
est réduite à devenir le satellite de la politique si
elle veut conserver sa puissance originelle.

Ainsi par exemple, Mahomet a fait tous ses efforts
pour améliorer la condition de la femme arabe ; il lui
a assuré un douaire quand elle se marie ; il lui a
octroyé une part convenable dans la succession de
ses parents ; il a recommandé d'avoir pour elle des
égards et des ménagements. En théorie, ces réformes
devaient donner à la femme une situation supérieure
à celle des femmes de cette époque, et pourtant, en
fait, aucune amélioration réelle ne s'est produite,
les mœurs étant, sous ce rapport, restées, à peu de
chose près, les mêmes que pendant la période antéislamique.

Il en a été tout autrement quand la religion a prêté
son concours à l'œuvre politique pour faire de quelques tribus isolées, souvent ennemies les unes des
autres, une véritable nation nouvelle qui devait
étendre au loin son empire. Les deux forces se sont
alors prêté un appui mutuel dans une mesure qu'on
ne saurait exactement évaluer ; mais il semble cependant que la part de la politique a été le plus souvent
prépondérante ou, pour mieux dire, que les intérêts
matériels étaient plus impulsifs que les intérêts religieux.

Aussitôt après la mort du Prophète, le souci
des biens de ce monde contrebalance celui du salut
éternel et, dès la mort d'Omar, l'équilibre se trouve

définitivement rompu ; la politique prime la religion
et s'en sert comme d'un vigoureux levier pour favoriser ses desseins à l'extérieur ou d'un bouclier impé-
nétrable pour se défendre contre ses ennemis intérieurs.

L'avènement des Oméyyades qui, aux yeux de certains fidèles, avaient usurpé le pouvoir souverain,
affaiblit singulièrement l'influence de la religion. Le
pouvoir spirituel et le pouvoir temporel restèrent
bien dans une même main, mais ce dernier seul
avait conservé toute sa plénitude, l'autre n'étant
plus reconnu que par une fraction des fidèles. Cet
affaiblissement de l'autorité spirituelle, ainsi battue
en brèche, ne pouvait que s'accentuer de jour en
jour, jusqu'au moment où les Abbassides, réduits à
abandonner à d'autres l'autorité politique, disparu-
rent pour toujours sans laisser d'héritiers de leur
papauté musulmane.

Depuis ce jour, les rôles furent pour ainsi dire
intervertis d'une façon définitive. Les divers chefs
d'États musulmans se disputèrent le titre du Khalifat
suprême sans qu'aucun d'eux réussit à se le faire
reconnaître par l'ensemble de la communauté musulmane. Cette rivalité amena en quelque sorte la suppression complète du pouvoir spirituel. Personne ne
fut plus qualifié pour maintenir l'unité absolue
de la croyance et le zèle des fidèles ne put plus être
suffisamment réchauffé pour les entraîner dans une
action commune.

Dans certains pays, les confréries, devenues floris-
santes, cherchèrent bien à s'emparer de la direction
des consciences mais, de ce fait, elles entrèrent en
lutte avec le pouvoir civil, le seul dont disposât
dorénavant le souverain musulman. D'ordinaire,
cette lutte resta sourde, cependant il lui arriva parfois de se manifester d'une façon ouverte, comme
on en a vu de curieux exemples au Maroc comme
en Algérie avant la conquête.

L'entrée en scène des Européens dans le monde
islamique, où ils se sont introduits par la conquête
ou par le protectorat, va encore modifier profondément la situation un peu critique de l'islamisme. On
laissera, sans aucun doute, les musulmans libres de
pratiquer le culte de leurs ancêtres; on aura des
égards pour leur pseudo-clergé; on entretiendra
leurs mosquées, on respectera, dans la mesure du
possible, leur statut personnel : mais tout cela n'em-
pêchera pas la religion du Prophète d'être dorénavant sans chef autorisé pour la conduire et lui conserver son unité en apparence tout au moins.

Beaucoup de musulmans se rendent bien compte
de cette situation, à laquelle il leur est fort difficile
de trouver un remède. Quelques-uns voudraient
rendre au sultan de Constantinople l'autorité spirituelle suprême que possédaient autrefois les Khalifes, mais la tâche qu'ils assument est malaisée à
accomplir. En Afrique surtout, où l'islamisme
compte de si nombreux prosélytes, la domination

16

turque n'a pas laissé de bien bons souvenirs et, d'autre part, l'opinion accréditée veut que le pontificat suprême soit exercé par un descendant de la famille de Mahomet. On hésite donc beaucoup à entrer dans cette voie, étant donné surtout que le sultan n'est pas très libre d'agir au milieu du concert des puissances européennes.

Malgré ces circonstances défavorables, l'existence de l'islamisme n'est cependant point sérieusement menacée. Son rayonnement, quoique affaibli, persiste au moins en vertu de la vitesse acquise, puisqu'il n'a plus de véritable agent propulseur. Qu'il doive disparaître un jour, personne n'oserait l'affirmer et, dans tous les cas, ce moment est trop lointain pour qu'il puisse être indiqué par les prévisions humaines. Ce qui est vraisemblable, c'est qu'il a de longues années à vivre et que ce temps sera d'autant plus long qu'il acceptera les quelques réformes que l'évolution naturelle des choses impose à tout et à tous.

Parmi ces réformes, la principale est celle qui isolera le plus la loi civile de la loi religieuse. En procédant avec prudence, et de proche en proche, il est certainement possible d'éliminer certaines prescriptions que leur origine religieuse a fait maintenir. Ainsi, la monogamie, que la misère a introduite d'une manière générale dans les mœurs, pourrait sans peine être rendue obligatoire par la loi civile sans qu'en somme la religion eût réellement à en souffrir. Bien entendu, il faudrait maintenir les facilités accordées au divorce et tout d'abord procéder sur les points que le changement des mœurs a de lui-même indiqués.

Le monde islamique n'est plus fermé aux étrangers. La pénétration européenne, chaque jour plus grande, transforme inévitablement les mœurs des musulmans, et cette action, pour lente qu'elle nous paraisse, devient très visible au bout de quelques années. Les indigènes algériens d'aujourd'hui diffèrent à ce point de leurs coreligionnaires d'il y a cinquante ans, que ceux qui les ont vus à cette époque croiraient presque avoir affaire à un peuple différent. Dans une mesure plus restreinte, il est vrai, l'élément féminin a participé à cette évolution. La femme a aujourd'hui des exigences qu'elle n'aurait pas osé manifester il y a un demi-siècle et son mari, si orthodoxe qu'il soit, lui cède dans la plupart des cas.

D'un autre côté, les littératures étrangères ont commencé à pénétrer dans les milieux instruits, même parmi ceux qui, par scrupule religieux, ne voulaient autrefois connaître que les œuvres écrites par des musulmans. La barrière entre les civilisations européenne et musulmane subsiste encore, il est vrai, mais de petites brèches s'y sont déclarées, en attendant que vienne le jour prochain où, devenues plus nombreuses, elles laisseront tout passer. Cette infiltration des idées se fera d'autant plus vite que l'élite de la population musulmane pourra désormais acquérir une instruction supérieure au moyen des livres originaux ou traduits que l'imprimerie met aujourd'hui à la portée des bourses les plus modestes.

Partout, les modes ou coutumes nouvelles sont introduites par la plus haute classe de la société. Il n'en va pas autrement chez les musulmans qu'ailleurs, aussi est-ce parmi les favorisés de la fortune ou de l'intelligence qu'il faut chercher les principaux auxiliaires de la tâche réformatrice que l'on se donne mission d'accomplir. La diffusion de l'instruction primaire, utile plus tard, est plutôt nuisible au début; l'enseignement secondaire a déjà plus de valeur, mais c'est surtout l'enseignement supérieur qui fournit le vrai moyen de régénérer la masse d'une nation. L'expérience l'a démontré depuis longtemps près de nous, et, en ce moment, nous en avons une nouvelle preuve par ce qui se passe dans l'Extrême-Orient. On envie toujours plus ou moins le sort de ceux qui sont placés au-dessus de soi et on les imite volontiers dans l'espoir de réussir à être un jour comme eux.

Tout d'abord, les progrès seront peu profonds; les anciennes habitudes reparaîtront de temps à autre à travers la couche de vernis dont on les aura recouvertes, comme elles le font d'ailleurs chez tous les peuples civilisés. En 1904, à Paris, les diseuses de bonne aventure, chiromanciennes ou autres, gagnent largement leur vie et, si elles comptent dans leur clientèle toutes les catégories sociales, il est bien certain qu'elles tirent leurs plus beaux revenus des gens riches qui, pour la plupart, ont reçu une éducation très complète. Il serait excessif d'exiger davantage des musulmans et de leur tenir rigueur de conserver certaines pratiques superstitieuses qui nous semblent plus étranges uniquement parce que nous n'y sommes pas habitués et que nous oublions volontiers nos propres défauts.

Le plus puissant facteur de la réforme islamique sera à coup sûr la révolution économique que les progrès de la science ont provoquée dans le monde moderne. Tant qu'ils n'accepteront ouvertement que l'argent produise un intérêt normal, les musulmans ne pourront recourir à l'association des capitaux, association indispensable pour l'exécution des grands travaux de toute nature. Les sommes qu'ils auront amassées par leur travail et qu'ils ne seront pas à même d'employer directement resteront improductives, en sorte que dans la lutte pour la vie ils se trouveront toujours en état d'infériorité vis-à-vis de leurs concurrents. Rien ne s'oppose à ce qu'ils nous imitent sur ce point, car, somme toute, en fléchissant sur le prêt à intérêts, la religion n'est point touchée dans un de ses organes essentiels.

La difficulté la plus réelle pour opérer cette transformation, c'est d'avoir quelqu'un qui en prenne l'initiative et la direction. Dans la crainte d'être accusé d'hérésie ou tout au moins de tiédeur dans la

16.

foi, personne ne voudra assumer une telle tâche. C'est de soi, en quelque sorte, que la chose se fera, discrètement d'abord, puis, plus tard, de façon ouverte. Les personnages religieux, au lieu de fulminer, fermeront les yeux et finiront eux-mêmes par céder au courant qui les entraînera malgré eux. Après avoir accepté le fait accompli, ils déclareront la chose tolérée d'abord et tout a fait permise un peu plus tard.

Le jeune musulman se laisse facilement entraîner à contrevenir à certaines rigueurs de la religion musulmane. Il ne craint pas trop de s'enivrer à l'occasion ou de faire bombance pendant quelques journées du ramadan. Il jette ainsi ses gourmes, à l'instar de nos jeunes étudiants ; mais aussitôt qu'il prend de l'âge, il s'assagit et finit par devenir d'un rigorisme intransigeant. Le mariage, qu'il contracte d'ordinaire plusieurs fois dans sa vie, paraît être sur le tard l'occasion d'une recrudescence de piété et de rigidité dans les mœurs. Aussi résulte-t-il de ce fait que toute tentative de progrès due à l'initiative des jeunes gens est suivie d'un mouvement de recul qu'ils provoquent eux-mêmes quelques années après.

L'évolution vers des mœurs ou des pratiques nouvelles aura donc toujours quelque peine à se produire spontanément ou pour mieux dire par les musulmans eux-mêmes. C'est du dehors que viendra l'impulsion la plus active ou la plus efficace. La con-

tagion de l'exemple des Européens chrétiens en
sera pendant longtemps encore le principal facteur.
Il ne faut pas compter sur la formation récente de
petites communautés musulmanes en Angleterre et
aux États-Unis. Le nombre de leurs adhérents est
beaucoup trop restreint d'une part et, d'autre part,
ces nouveaux convertis ne disposent pas du prestige
nécessaire pour qu'on écoute leurs avis ou leurs conseils. Les rares conversions isolées qui ont lieu dans
les Indes ou ailleurs sont encore moins importantes
à ce point de vue.

Cependant, comme l'élément féminin prédomine
parmi les prosélytes de Liverpool, il se pourrait
qu'en dépit des apparences les Européens convertis
aient tout de même une influence réelle sur leurs
coreligionnaires orientaux. Bien qu'en Orient, la
femme reste en général en dehors de la direction des
affaires religieuses ou politiques, il est fort possible
que les musulmanes européennes, agissant sur
l'esprit de leurs compagnes orientales, celles-ci, à
leur tour, influencent leurs maris et obtiennent
d'eux telle réforme des habitudes, qui serait le point
de départ d'un changement dans les mœurs. L'action,
pour être discrète et indirecte, n'en serait pas moins
efficace.

En Europe, tout en étant la conservatrice naturelle de la religion, soit par la part personnelle
qu'elle y prend, soit par l'éducation qu'elle donne à
ses enfants, la femme peut, quand elle le veut, en

altérer ou modifier les démonstrations extérieures. La musulmane n'a sans doute pas une influence aussi considérable dans son milieu ; cependant, rien ne dit qu'elle ne réussira pas, elle aussi, à imposer sa volonté lorsqu'elle y sera stimulée par quelques-unes de ses compagnes européennes.

Si habiles et si intelligents qu'ils soient, les Européens convertis à l'islamisme ne jouiront jamais d'une assez grande considération pour déterminer un courant d'opinion parmi les nouveaux coreligionnaires qu'ils se sont donnés. Il faudrait pour cela s'être converti fort jeune et avoir fait une étude complète de la théologie musulmane sur les textes arabes eux-mêmes. Par le fait même qu'il a une première fois changé de convictions, le renégat est toujours suspect à ceux dont il a embrassé la foi, surtout s'il parle d'introduire de nouvelles pratiques et de modifier les anciennes. Il n'a donc aucune chance d'être écouté, fût-il même en état de discuter en invoquant des textes précis à l'appui de son opinion.

Quant à connaître complètement la théologie, il n'y doit pas songer. Tant d'auteurs ont écrit sur la matière qu'il est impossible de les avoir tous étudiés, en sorte que, dans une discussion sur un point quelconque, on peut toujours fournir comme argument l'opinion d'un personnage peu connu, mais dont l'autorité, cependant, prévaudra contre une citation faite par un nouveau converti, quelle que soit la réputation de l'auteur cité. Dans ces matières

délicates, les paroles prennent souvent plus de force
de celui qui les répète que de celui qui les a prononcées pour la première fois.

Le nombre des hommes qui ont ainsi abandonné
leur ancienne religion pour adopter volontairement
l'islamisme a toujours été peu considérable, et il
semble difficile qu'il en soit autrement avec l'interdiction faite aux vrais croyants de lire le livre sacré
dans une langue étrangère. Sans doute, il est aussi
aisé d'apprendre les quelques mots arabes nécessaires aux prières canoniques que de retenir dans sa
mémoire les prières qui se disent en latin ou en
grec chez certains chrétiens; mais il faut une assez
longue étude de la langue arabe pour être en mesure
de comprendre le Coran et ses commentaires. Or, si
tous les fidèles n'ont pas besoin d'être capables de
lire les livres canoniques, il est bien évident, cependant, qu'un certain nombre d'entre eux devraient
être à même d'expliquer à leurs coreligionnaires les
devoirs qu'ils ont à remplir et d'appuyer leurs indications sur un passage du texte sacré.

Pour sortir des pays de langue arabe, l'islamisme
aura donc besoin de revenir sur l'interdiction de se
servir des traductions du Coran ou, tout au moins,
d'avoir un clergé régulier, car l'étude de l'arabe
exige un temps assez long et des efforts considérables. A vrai dire, rien ne s'oppose à la traduction dans une langue étrangère de tous les livres
théologiques, y compris le Coran. De l'aveu des

musulmans les plus fervents, le texte sacré n'est pas d'une clarté absolue. De nombreux commentaires, faits en vue d'en préciser exactement le sens, ne sont pas arrivés à un résultat définitif, puisqu'ils ne sont pas toujours d'accord entre eux et qu'ils donnent plusieurs interprétations différentes d'un même verset.

Pourquoi, dans ces conditions, refuser d'accepter une traduction qui, accompagnée de quelques notes, fournirait un texte à peu de choses près aussi clair que l'original. Bien entendu que cette traduction aurait à être revue et corrigée à plusieurs reprises avant d'être fixée pour toujours. La seule objection sérieuse à ce projet serait qu'il y aurait toujours danger à déduire des conclusions de termes qui, dans la phrase traduite où ils se trouvent, rendent très exactement la pensée, tandis qu'ils donneraient une idée inexacte ou fausse si on les prenait avec l'une ou l'autre des significations que l'étymologie permettrait de leur attribuer.

Il adviendrait alors chez les musulmans européens ce qui se passe actuellement dans la religion catholique orthodoxe, où le prêtre seul étudie le latin dont la plupart de ses ouailles n'entendent pas un traître mot. De même les pasteurs de la religion réformée, qui prennent pour texte un verset de la Bible, doivent étudier la langue hébraïque s'ils veulent être en état de prêcher exactement afin d'être sûrs du sens de leur citation, qu'ils prennent tout

d'abord dans l'une des traductions dont la Bible a été
l'objet dans un grand nombre de langues.

Mais, en admettant même que toutes ces facilités
soient accordées aux Européens désireux d'entrer
dans le giron de l'islamisme, il y a une cause d'empêchement qui paraît presque insurmontable. Le
statut personnel est si intimement lié à la religion
qu'il est bien difficile d'embrasser la religion musulmane sans adopter ce statut en grande partie.
Qu'arriverait-il, par exemple, le jour où un Anglais
converti aux doctrines du Prophète voudrait devenir polygame, se fondant, d'une part, sur ce que sa
foi l'y autorise et, d'autre part, sur ce fait que cette
forme du mariage existe dans des pays soumis
à l'autorité de son pays? M. Quilliam, qui, en 1889,
a fondé la communauté musulmane de Liverpool,
préfère peut-être la monogamie personnellement,
mais rien ne dit que parmi ses imitateurs il ne s'en
trouvera pas quelques-uns qui auront une autre manière de voir au sujet du mariage.

Concilier les obligations de la loi civile avec celles
de la loi religieuse n'est certes pas chose absolument
impossible, mais elle ne va pas jamais sans quelques
difficultés. En France, le catholique qui divorce reste
dûment marié au point de vue religieux. Il lui reste,
il est vrai, la faculté de renoncer au divorce, mais,
à moins d'être d'un tempérament tout particulier ou
d'une vertu à toute épreuve, il contreviendra d'une
autre façon aux commandements de l'Église.

Une pareille situation ne saurait être que temporaire. Un jour ou l'autre, il faudra bien finir par
accepter ce qu'on ne peut empêcher et le mieux,
semble-t-il, serait de se décider promptement. Le
trouble, ainsi jeté dans les esprits, est toujours
funeste en matière de foi.

Les musulmans feront donc bien de ne pas trop
attendre pour accepter franchement tout ce qui,
dans les mœurs nouvelles de quelques-uns de leurs
coreligionnaires, choque les usages sans compromettre les bases essentielles de la religion. A cette
condition seulement, leur foi continuera à vivre et à
prospérer de longs siècles, sans doute. Alors,
sans renoncer à l'espoir du salut éternel, ils pourront
lutter avec avantage pour la possession des biens de
ce monde avec tous ceux qui, de plus en plus, cherchent à cantonner la religion dans son domaine purement spirituel.

TABLE DES MATIÈRES

Châteauroux. — Imp. Langlois

Original en couleur

NF Z 43-120-8

www.ingramcontent.com/pod-product-compliance
Lightning Source LLC
Chambersburg PA
CBHW051238050726
47594CB00001B/215